La Maison d' Oncle Max

By

Nicole Fandel

(888) 302-2519
www.waysidepublishing.com

Copyright © 2012 by Wayside Publishing

All rights reserved. No part of this publication may be reproduced, stored in a retrieval system, or transmitted in any form or by any means, electronic, mechanical, photocopying, recording, or otherwise, without the prior written permission of the publisher.

Printed in USA

ISBN 978-1-877-653-32-2

ACKNOWLEDGEMENTS

I would like to thank all who supported me, helped me and encouraged me along the way. In order of appearance: Carrie Bolster, Rima Miller, Jean-Michel et Geneviève Moreau, Sylvia Mendenhall, Madge Evans, Loïza Nellec-Miles, Chloé and Peter Fandel, Robyn Daniel, as well as Michèle and John Bonner who gave me sound advice, suggestions, and, and last but not least, Christophe Julliard and Sokphoung Bun who saved me many times during my computer emergencies.

A special thank to Théo Bonner, Juan Nogueira, Trip Smith, and Gordie Slater, "the kids" who read the story with me, and whose reactions resulted in sizable improvements.

I am also sincerely grateful to Greg Greuel and Scot Richie, "éditeur and illustrateur par excellence", for their skills and their knack of making this project an exciting and enjoyable process.

Finalement, un grand merci tout spécial pour tous mes étudiants et collègues de Concord Academy qui m'ont tant appris.

Nicole Fandel

THANK YOU
1. MonNuage.fr — for the Museum photo " Vesunna" on page 45.
2. Peter Barrett for the "cassoulet" on page 58.
3. Alex, of course, for all his fantastic photos!
4. Jean-Paul Fandel for the black motocycle photo.

NOTES TO THE TEACHER

Reading a book in French for pleasure should not be impossible, even early in the process of learning the language. "La Maison d'Oncle Max" was written with that in mind. It provides a contemporary story in accessible yet authentic French for Intermediate students to read and enjoy. By the same token, as they master the skills of autonomous and active reading, they will be better prepared to deal with real French newspaper articles, literary works offered by their textbooks and teachers, and research on the Internet.

In order to understand the text and "get into the story", the student should avoid translation which has been proven to be counterproductive and adverse to fluid and active reading. Instead, the student needs to cover three basic steps:

- The first step is scanning: a quick survey of the sentence to "get the idea".
- The second is spotting and investigating an unknown word, looking for its root or its inference. Difficult words will be translated on the spot to minimize the use of a dictionary.
- The third step is resolving the problem by re-reading the sentence with special attention to its context, and coming up with a good guess as to its meaning.

Eventually these steps will merge into a sweeping automated routine that lets the student understand the sentence most of the time. Then the conscious, immediate goal will not be reading to understand but reading to discover what happens next as the mystery unfolds with minimal interruptions.

In order to keep the reader interested, the main characters "les Cinq" share the readers age, contemporary life styles and interests. The selected themes, idioms and vocabulary are practical, current and used in everyday situations. The tone is lively, light and humorous. The dialogues are plentiful and full of useful and "cool" expressions to ready the readers for communication with their contemporaries in a French speaking context, and to practice in class.

Finally, the "Activités" sections in the workbook complete the job. The workbook contains varied comprehension and vocabulary exercises linked to each chapter's topics like the Internet and ecology, for instance. Bonus sections will further enrich the students' vocabulary through awareness of cognates and similarities between French and English. Tricky points of grammar will be reviewed and practiced along with the new vocabulary.

At the end of each section, optional activities suggest writing short entries in a journal or a blog, class "reenacting" of dialogues from the chapter, and doing further research on the Internet.

Nicole Fandel

Table des Matières

1. Vive les vacances ... 3
2. Paris-Avignon en TGV ... 9
3. Il y a un problème ... 15
4. Où est Oncle Max ... 21
5. La Camionnette mystérieuse ... 25
6. Les Visiteurs ... 31
7. Incident au Port de Toulon ... 37
8. Les Pièces du puzzle ... 43
9. L'Autre Vie de Max Dompierre ... 49
10. L'Attente ... 55
11. Les Préparatifs de voyage ... 61
12. Ric et Rac s'organisent ... 67
13. À travers la France et son histoire ... 73
14. Rendez-vous à Lascaux ... 79
15. Coup de théâtre à Lascaux ... 85
16. Post Scriptum ... 92
17. Vocabulaire ... 94

Le métro à Paris

CHAPITRE UN

VIVE LES VACANCES

Amis valent mieux qu'argent.

— *Ancien proverbe*

La foule des employés sortis de leurs bureaux marche résolument vers la bouche de métro (subway entrance). Il est 6 heures de l'après-midi à Paris. Ils sont fatigués et pressés de rentrer chez eux, mais ne peuvent pas s'empêcher de regarder avec envie et nostalgie un groupe de cinq adolescents assis à une table à la terrasse du Café St Paul. Leurs dix mains forment un bouquet au centre de la table couverte d'une carte dépliée (unfolded). Les visages heureux des cinq amis rappellent aux passants une ancienne publicité pour la célèbre eau minérale Perrier. Juste en face du café, le Lycée Charlemagne[1] déverse un flux bruyant (noisy) d'étudiants libérés pour l'été, comme eux. On entend les cinq amis "rapper" une parodie de la chanson que les enfants

---

1. Lycée Charlemagne: Excellent lycée parisien, nommé pour Charlemagne, roi des Francs et Empereur d'Occident (742-814). Il a créé dans son palais une école modèle et a encouragé les premières écoles gratuites (free) pour tous.

chantent le dernier jour d'école. C'est leur rituel depuis le premier été de leur «Club des Cinq», il y a dix ans.

> Vive les vacances[2]
> Plus de pénitences
> Les cahiers au feu
> Et les profs au milieu.

Ils se lèvent, leurs verres tendus vers le soleil.

> Finie l'école,
> Finis les profs et les examens,
> Fini le métro et finie la pollution,
> Finies les foules et les horaires.
> Adieu Paris. Bonjour la Provence,
> Vive le soleil, et vive la liberté!

— Attention! Où est la carte? Demande Kip.

— Elle est tombée sous ton pied, Kip. Ne bouge pas. Je l'ai.

Jean-Michel ramasse (to pick up) délicatement la carte et l'aplatit (to flatten) sur la table avec la paume de sa main. Il pose son index au sud de la carte de France sur un village au nord d'Avignon et annonce d'une voix faussement tremblante et doctorale:

— Après notre arrivée à Avignon, le point de départ d'où on visite la Provence, nous serons chez nous pour deux mois dans la maison d'Oncle Max à Vaison-la-Romaine[3], le paradis sur terre. Cinq visages

---

2. "Vive les vacances" signifie " long live vacations". Vieille chanson traditionnelle chantée par les jeunes élèves à la fin de l'année scolaire.

3. Vaison-la-Romaine: Jolie ville provençale. Tout au long de l'histoire de France, Vaison a été une capitale celte, puis une cité alliée à Rome, et aussi une ville importante au Moyen-Age. Maintenant, elle est devenue le paradis des touristes et des historiens.

souriants fixent la ville sur la carte, chacun avec sa vision d'un été idéal. Jean-Michel, un organisateur très psychologue, commence la session:

— Kip, tu es la première. Quelle est ton idée d'un été parfait?

— Assise sur l'herbe sous un arbre, à l'ombre (in the shade) devant un paysage (landscape) somptueux, j'écoute mon iPod.

— Ça ne change pas beaucoup tes habitudes! dit Ségo, un sourire amusé aux lèvres.

— Quant à moi (as for me) ... Elle s'arrête au milieu de sa phrase, ses yeux se perdent dans un rêve.

— On te donne cinq minutes pour réfléchir, Ségo, comme d'habitude, ironise Jean-Michel.

— Et toi, Mehdi?

— Après un bon petit déjeuner, je me trouve un beau petit coin (a spot/a corner) avec une jolie vue, j'absorbe, je vérifie mon e-mail sur mon ordi (=ordinateur), fais le point dans mon blog, et puis je fais avec vous tout ce que vous avez décidé pour la journée.

— C'est à moi, dit Alex, je me lève très tôt le matin avant tout le monde et j'explore à pied ou à vélo, pour trouver les coins les plus pittoresques et les plus riches en aventures.

— Bien sûr, Alex, les boîtes (nightclub) les plus «cool», les coins les plus sauvages, et les activités les plus casse-cou (daring), comme le canyoning. On te connaît, insinue Mehdi, moi, je veux revenir avec mes deux jambes et mes deux bras.

— T'inquiète! (don't worry) Je vais te trouver les paysages les plus romantiques avec la meilleure réception pour ton portable (cell phone). Après ça, on peut revenir sur terre, non? ajoute Alex qui se tourne vers Ségolène. Alors, Ségo, que veux-tu faire cet été?

— Rien. Tout. N'importe quoi.

— Parfait! dit Alex, jouant le rôle d'un serveur attentif, je vois exactement ce que vous voulez: rien, tout et n'importe quoi. Je note. C'est tout pour mademoiselle? Rien d'autre?

Ségolène sourit et répond calmement:

— Merci. C'est parfait comme ça.

Jean-Michel se lève et de sa belle voix de ténor annonce:

— Vous avez deux jours pour acheter vos billets de train, pour mettre vos affaires en ordre et pour faire vos bagages. N'oubliez pas vos billets de train, votre carte d'étudiant et votre permis de conduire (driving license), au cas où.... (just in case)

— Oui, Papa ! répondent les quatre, en chœur.

— Ça va si j'emmène mon vélo? demande Alex.

— et moi, mon ordinateur? dit Mehdi.

— et moi, mon journal? ironise Ségo.

— et moi, mon iPod? ajoute Kip.

— et moi, ma guitare et les cartes routières? mimique Jean-Michel qui résume:

— Donc, comme décidé hier, on prend le TGV Paris-Avignon qui part jeudi à 10h20 de la Gare de Lyon[4]. On se rencontre à 10 heures à l'entrée du quai, devant la machine à composter (machines that validate train tickets). Pas de retard, s'il vous plait, parce qu'Oncle Max nous attend à l'arrivée. Je déclare les vacances officiellement commencées. A jeudi, tout le monde.

Jean-Michel et sa sœur Ségolène prennent la rue Sévigné où ils habitent. Alex et Mehdi vont vers le métro. Kip commande un autre Coca en mâchant (chewing) son chewing gum au rythme de son iPod.

---

4. Il y a beaucoup de gares à Paris. Par exemple, pour l'Italie et le sud de la France, on va à la Gare de Lyon, pour l'Angleterre ou la Belgique on part de la Gare du Nord, et pour l'Allemagne c'est la Gare de l'Est.

Alex photographie le Lycée Charlemagne et son café préféré

Vaison-la-Romaine

CHAPITRE DEUX

PARIS-AVIGNON EN TGV

Faire d'une pierre deux coups.
— *Ancien proverbe*

Il est 9h59 à la Gare de Lyon. Ségo et Jean-Michel descendent d'une petite voiture rouge et sortent leurs bagages du coffre (trunk). Leur mère, une grande dame blonde leur rappelle en mettant la voiture en marche:

— N'oubliez pas d'acheter un gâteau d'anniversaire pour Oncle Max à Avignon et embrassez-le pour moi. Bon voyage, les enfants. Elle démarre (to drive off) et la voiture part à toute vitesse, juste à temps car un policier venait dans sa direction.

— Maman est incorrigible, dit Ségo en souriant. Je me demande qui est pire, elle ou son frère.

— Oncle Max est anticonformiste, mais plus réfléchi et déterminé qu'elle. Mais Maman est plus impulsive, assez excentrique, mais moins obstinée que lui. Mamie et Papi ne devaient pas s'ennuyer avec ces deux-là!

De loin, ils reconnaissent Kip et Mehdi plantés autour de la machine à composter jaune vif à l'entrée du quai 12, et se dirigent vers eux. Calme comme d'habitude, Kip mâche son chewing gum en écoutant son iPod. Mehdi, voyant qu'ils cherchent Alex des yeux, explique:

— Alex est avec le contrôleur qui l'aide avec son vélo. Tu gardes ta guitare, non?

— Ça va sans dire. Tu te sépares de ton ordinateur, toi?

— Pas question! Jamais de la vie.

— On embarque? demande impatiemment Ségolène, Alex nous fait signe de monter dans le train.

Les amis se retrouvent confortablement assis dans un compartiment de seconde classe autour d'une table, les bagages bien rangés à l'entrée de la voiture 14 d'un splendide TGV (Train Grande Vitesse). Les portières se ferment, le chef de gare siffle (to whistle) et le train part. Mehdi prend le TGV pour la première fois et cache mal son bonheur. Toute la nuit à son ordinateur, il a reconstitué l'histoire de ce train à grande vitesse et à la ligne aérodynamique qui est la fierté des Français. L'idée d'un train hyper rapide qui relie les villes d'un bout à l'autre de la France avait germé en 1960 pour concurrencer (to compete) les voyages en auto et en avion, et économiser l'énergie, suivant l'exemple du Japon. Finalement, en 1981 un TGV fait le trajet Paris-Lyon en 2 heures. Il roule sur des rails spéciaux à un maximum de 300 km/h (186m/h) et une moyenne de 250km/h (155m/h.) Les Français peuvent donc voyager vite et bien à travers la France — relativement bon marché puisque les jeunes et les seniors bénéficient d'une réduction de 25% à 50% sur les billets. Il y a de quoi être fier. Mehdi, d'un air rêveur, regarde le paysage passer de l'autre côté de la vitre. Des champs et des champs de blé et de céréales. Ségolène lui dit doucement:

— Ce n'est pas étonnant qu'on appelle la Beauce[5] "le grenier de la France" (France's grain-producing region). Regarde tout ce grain qui pousse. Il y a de quoi nourrir Paris, toute la France, et plus. Regarde plus loin, là-bas, tu vois les éoliennes (wind turbines)? Elles fournissent l'énergie pour les agriculteurs locaux. Pas mal, non?

— Vraiment? Ces statistiques t'intéressent? Je peux les vérifier sur Internet si tu veux, comme je l'ai fait pour le TGV.

— Génial! Donne-moi les faits et les nombres exacts, je vais les mettre dans notre article. Ça va faire plaisir au prof de sciences! dit Ségo qui est chargée de prendre des notes pendant les vacances. En effet, à la rentrée des classes, le magazine du lycée a promis un super VTT (Vélo Tout-Terrain = mountain bike) pour le meilleur article sur les vacances d'été. Ségo veut ce VTT pour le Club des Cinq! Tout à coup, on entend des cigales (cicadas/ type of cricket) chanter haut et fort (loud). C'est la sonnerie du téléphone portable de Jean-Michel qui interrompt la conversation. Il sort le portable de sa poche, le lit, et dit à voix haute:

—Oncle Max nous attend avec impatience et nous demande de passer chez son ami qui tient la librairie Shakespeare, à Avignon. Il a une serviette (briefcase) pleine de papiers importants que nous devons prendre avec nous.

— Je sais où est cette librairie, dit Ségo, il y a une pâtisserie tout près, on va faire d'une pierre deux coups: une serviette mystérieuse et un gâteau d'anniversaire.

— Tiens, tiens, c'est comme dans un roman policier (detective story)! dit Kip en mâchant son chewing gum d'un air rêveur.

Une heure plus tard ils arrivent à la Gare d'Avignon, descendent du train, déposent leurs sacs à dos (backpack) et valises sur le quai, et attendent Alex et son vélo. Regroupés, ils sortent de la gare sous un soleil éblouissant (blinding), et montent dans l'autobus qui fait la navette (shuttle) entre la gare et le centre de la ville.

---

5. La Beauce : Région de plaines très fertiles au sud de Paris.

— Bienvenue en Provence! dit Jean-Michel. En route pour la librairie Shakespeare.

L'autobus traverse Avignon et arrive à la Porte Nord des remparts de la ville.

—Je me souviens, la librairie est près d'ici. Descendons! annonce Ségo.

— Ah! Je la vois! s'écrie Mehdi, et la pâtisserie est juste en face!

Ils remarquent qu'un vieux monsieur semble les attendre devant la librairie. Quand il voit venir Jean-Michel et ses amis, il leur fait signe et se présente:

—Je suis Guy Moreau, un grand ami d'Oncle Max. Le TGV a bien fait son travail. Vous êtes à l'heure! Entrez donc.

Il leur montre un escalier au fond du magasin et explique.

— Comme vous voyez, la librairie est au rez-de-chaussée, mais nous habitons au premier étage[6]. Bienvenue chez nous, ajoute-t-il avec un grand sourire, voulez-vous une petite tasse de thé? Ma femme, qui est anglaise, vous a préparé un petit goûter (teatime snack). Bien entendu, vous passez la nuit chez nous avant de partir pour Vaison-la Romaine. Max m'a demandé de faire visiter la ville à vos amis. On obéit toujours aux désirs de Max, n'est-ce pas? dit-il en regardant Ségo et Jean-Michel d'un air moqueur.

— Comme vous le dites, on obéit toujours aux désirs d'Oncle Max, répondent ensemble Ségo et Jean-Michel.

Ce soir-là, après une belle promenade à travers la vieille ville d'Avignon, après avoir dansé tous en rond sur le Pont d'Avigon[7], et visité le musée d'archéologie plein de vestiges gallo-romains trouvés dans les champs voisins, tout le monde a dîné sous les étoiles dans un restaurant situé sur la place devant le splendide Palais des Papes.

---

6. Dans une maison ou dans un hôtel en France, le rez-de-chaussée = the ground floor/first floor, le premier étage = the second floor, et le grenier = the attic.

7. Le Pont d'Avignon : Le vieux pont Bénezet (XIIe siècle) sur le Rhone à Avignon. C'est aussi une chanson enfantine . Ecoutez-la sur Internet : «Sur le pont d'Avignon».

Il n'y a pas une seule table de libre car c'est le Festival d'Avignon où les meilleurs acteurs, danseurs, chanteurs et musiciens de partout se rencontrent en juillet, pour le bonheur des touristes qui viennent du monde entier pour les voir.

De retour à la librairie, les copains, fatigués mais enchantés de ce premier jour de vacances, s'endorment en rêvant à de futures découvertes et de nouvelles aventures.

Les photos d'Alex à Avignon. De gauche à droite:

1. La librairie Shakespeare au rez-de-chaussée, l'appartement au premier étage et le grenier sous le toit.
2. Le Palais des Papes.
3. Sur le Pont d'Avignon, on y danse, on y danse...

Un champ de lavande

CHAPITRE TROIS

IL Y A UN PROBLÈME

Il n'y a pas de fumée sans feu.
— Ancien proverbe

Aussitôt réveillé, Alex se lève, s'habille sans faire de bruit, et saute sur son vélo pour faire un petit tour matinal. Quand il revient, une demi-heure plus tard, un journal sous le bras, tout le monde est à table devant un plateau de croissants et des bols fumants: chocolat pour les jeunes, café et thé pour leurs hôtes. Madame Moreau apporte une tasse pour Alex et pose fermement trois pots de confiture sur la table.

— Cerises, abricots, et figues. Essayez-les toutes. Dites-moi laquelle est la meilleure. La spécialité de mon mari, c'est les livres, moi, c'est les finances de la librairie et les confitures! Les copains se régalent (to feast on food) et complimentent leur hôtesse.

— Vos bagages sont prêts? demande Monsieur Moreau. Nous n'avons pas beaucoup de temps. Le car part à 9h10, se tournant vers Ségo et Jean-Mi, il ajoute, je vais chercher la serviette de votre oncle...

et n'oublie pas le gâteau de Max que tu as acheté hier soir, Jean-Mi, il est dans le frigo (réfrigérateur).

En dix minutes chacun se trouve à l'entrée du magasin avec son sac à dos, son paquet, son vélo, sa guitare ou sa valise. Monsieur Moreau donne la serviette à Ségo, les amis remercient leurs hôtes et Madame Moreau annonce:

— On se fait la bise (to kiss) ! Et tout le monde s'embrasse: gauche, droite, gauche, droite…

— Bisous, bisous, bisous, bisous, 18 bisous en tout! annonce Kip, en riant.

Ils s'empilent (to pile up) dans la voiture avec les bagages sur les genoux et arrivent à la gare routière juste à temps pour le car de 9h10. Une fois assise dans le car, Ségolène montre à Monsieur Moreau la serviette d'Oncle Max, bien serrée contre elle. Et voilà nos amis en route pour Vaison-la-Romaine.

— Comme le paysage est différent de la Beauce! remarque Mehdi,

— En plus du vert des vignes, et des collines boisées (wooded), les couleurs sont plus chaudes: il y a du doré, de l'ocre, des tuiles (tiles) orange, et des vieilles pierres couleur de pain. Que la Provence est belle!

— Tu as raison, dit Ségo, mais en fait, la Provence est subdivisée en plusieurs régions, nous sommes au nord-ouest, dans le Vaucluse. La Basse Provence est au sud-est, sur la Méditerranée, et les Alpes de Haute Provence au nord-est, vers les Alpes. Chaque section a son charme particulier et sa richesse. Le tourisme est l'activité prédominante en Provence, ainsi que les produits de la terre, comme la vigne qui nous donne le vin, les olives qui produisent une huile très appréciée et excellente pour la santé, et les fleurs pour le parfum comme la lavande. Pas mal, non?

— Ségo, si tu racontes tout ça dans notre article sur les vacances, tu vas endormir tout le monde, et pas de VTT pour nous! interrompt Alex. Écoute plutôt ce que je viens de lire dans le journal. Toute une forêt brûle à Vaison-la-Romaine, et comme le mistral (strong wind) souffle fort, les pompiers ont peur de ne pas pouvoir contrôler l'incendie (fire).

— Ce n'est pas la première ni la dernière fois qu'il y a des incendies de forêt dans la région. C'est fréquent en été, explique Jean-Michel.

Kip mâche son chewing-gum au rythme de la musique de son iPod en regardant les champs de vignes (vineyards)le long de la route. Tout à coup elle s'arrête et dit calmement:

— Il y a un problème. Regardez près de la montagne, là-bas, le ciel est tout noir et un énorme nuage de fumée couvre la campagne. Ça ressemble à un volcan.

Les passagers du car regardent la fumée, se parlent et s'agitent, sauf deux jeunes gens assis à l'arrière, silencieux, distants, le visage fermé. L'un est aussi blond que l'autre est brun. Ce sont visiblement des étrangers, d'une vingtaine d'années, peut-être des étudiants, mais sans bagages. Les passagers les regardent avec curiosité, mais discrètement.

Bientôt le car entre dans la gare routière de Vaison-la-Romaine et tout le monde descend.

Un homme chauve (bald) et rond s'approche du groupe d'amis avec un grand sourire et s'écrie:

— Eh! Jean-Mi, Ségo, par ici. Je vous emmène à Sans Souci, la maison d'Oncle Max.

— Alain! Quelle bonne surprise ! Se tournant vers ses amis, Jean-Michel annonce:

— Je vous présente Alain Lagarde, le voisin et meilleur ami d'Oncle Max.

Alain, voici Kip, Alex et Mehdi, nos copains depuis toujours.

Tout le monde échange des « enchanté, bonjour, bienvenue » et on se serre la main.

La petite camionnette verte d'Alain est bientôt pleine à craquer, et on se met en route.

— Ça brûle dur, dit Mehdi. C'est dangereux?

— Oui et non. Pour l'instant c'est limité à un coin de forêt près d'un de mes champs. Les pompiers travaillent à contenir le feu. Oh, j'oublie le principal! Max n'est pas à la maison, il va revenir ce soir! La porte est ouverte. Entrez comme chez vous! Installez-vous et reposez-vous. Le frigo est plein et vous attend.

Juste à ces mots, la camionnette entre dans une allée et s'arrête devant la porte d'entrée de la maison d'Oncle Max. Alain les aide à sortir leurs affaires et leur souhaite une bonne soirée.

— Je suis pressé. Excusez-moi. Les pompiers m'attendent pour évaluer les dégâts (damages). A demain. Dormez bien.

En un clin d'oeil, la camionnette disparaît et Ségo monte les marches de l'entrée et montre le chemin.

— A droite les chambres des filles, à gauche, les chambres des garçons. C'est comme ça depuis qu'on est petit. On se retrouve dans une demi-heure à la cuisine pour une visite guidée de la maison. A tout à l'heure.

Les photos d'Alex.

1. Le vignoble et le vélo d'Alain
2. Un joli village provençal

La maison d'Oncle Max

CHAPITRE QUATRE

OÙ EST ONCLE MAX

Rien ne pèse autant qu'un secret.
— *Jean de La Fontaine*

La cuisine d'Oncle Max est claire et joyeuse, avec une grande fenêtre donnant sur les champs. Au loin, les collines vertes et une forêt se dessinent contre le ciel bleu.

Jean-Mi et Ségo placent une cruche (jug) d'eau et des verres sur la grande table et, un à un, les copains arrivent et les aident à transporter un énorme plateau couvert de crudités (raw vegetables) et de fromages assortis.

— Tout le monde a faim. Oncle Max a pensé à nous. Asseyons-nous et régalons-nous. Bon appétit! dit Ségo en déposant sur le bout de la table un splendide gâteau au chocolat.

— Je viens de recevoir un texto d'Oncle Max, annonce Jean-Mi, il est à Toulon et doit y rester quelques jours pour conclure une affaire assez délicate de trafic archéologique. Il s'excuse et nous demande de manger son gâteau d'anniversaire ensemble en son honneur.

— Bizarre. Bizarre, dit Kip en enlevant ses écouteurs (earphones) et s'asseyant à côté de Jean-Mi, ça va?

— Bien sûr. Ce n'est pas la première fois que ça arrive. Chaque année on découvre de nouveaux sites gallo-romains dans la région, et les vols (thefts) sont fréquents. Oncle Max est Directeur du Conseil de Protection des sites archéologiques. Il est souvent appelé à travailler avec la police, et à voyager pour eux. Pas de soucis. Mangeons, et souhaitons-lui un bon anniversaire.

Après le dîner, Ségo et Jean-Mi, refusant l'aide de leurs amis, leur souhaitent une bonne nuit et, ensemble, mettent la table pour le petit déjeuner. Les cigales du portable de Jean-Mi les interrompent, il lit le message et d'un air soucieux, passe le téléphone à sa soeur:

— Lis-le. Il y a un problème.

IMPORTANT! PRENEZ LES PAPIERS QUI SONT DANS LA SERVIETTE ET CACHEZ-LES DERRIÈRE LE PORTRAIT DE L'ANCÊTRE AU GRENIER (attic). REMPLACEZ–LES AVEC DES VIEUX JOURNAUX. SI ON VOUS DEMANDE OÙ JE SUIS, DITES QUE VOUS NE SAVEZ RIEN. PAS DE SOUCIS. TOUT VA BIEN.

Ségo lui rend le portable.

— Pas de soucis, c'est facile à dire!

— Bon! Prends la serviette et on y va.

Ils montent au grenier, une lampe de poche à la main et la serviette sous le bras. Les marches de l'escalier craquent. Ils se souviennent des nuits passées là-haut quand les adultes les croyaient au lit. Ils jouaient aux cow-boys et Indiens ou aux pirates en paix dans leur domaine: le grenier. Quels bons souvenirs!

Sur le mur, l'ancêtre les regarde calmement. Ils décrochent le tableau, Jean-Michel ouvre la boîte nichée dans le mur, et Ségo compose quatre numéros secrets, Jean-Mi en compose encore trois. La boîte s'ouvre. C'est le rituel.

Ils sortent les papiers de la serviette et les déposent sur une grande enveloppe jaune couvrant trois petites statuettes anciennes dans la boîte qui se referme avec un petit clic. Jean-Michel remet le tableau en place pendant que Ségo prend la serviette et trois journaux oubliés au grenier depuis des années. Ils descendent sans faire de bruit, mettent dans la serviette toutes les pages de sports des journaux, et enfin, Ségo dépose la serviette à droite de la cheminée, sa place habituelle.

— C'est bizarre, dit Jean-Mi, la statue de Taranis[8] n'est plus sur la cheminée.

— J'ai sommeil, Jean-Mi, on va la trouver demain. Dors bien.

— Ferme la porte à clé en passant, s'il te plait. J'éteins la lumière. D'accord? Bonne nuit, Ségo.

Dans le jardin, deux ombres (shadows) passent entre deux arbres et on entend un chien aboyer (to bark) au loin.

Les escaliers du grenier

---

8. TARANIS est un dieu celtique vénéré par les Gaulois, c'est le dieu du ciel, de la foudre (lightning) et du tonnerre (thunder).

Un parfait petit déjeuner bien français.
Bon appétit!

CHAPITRE CINQ

LA CAMIONNETTE MYSTÉRIEUSE

Paris appartient à ceux qui se lèvent tôt.
— *Ancien proverbe*

Le petit déjeuner est prêt. A table! annonce Jean-Michel en frappant une grande cuiller sur une casserole. Debout, bande de paresseux!

Juste à ce moment, Alain Lagarde entre dans le hall, portant une montagne de croissants dans un panier qu'il dépose sur la table de cuisine, pendant que Ségolène verse le café dans les bols. Un à un, comme des zombies, les amis arrivent dans la cuisine, attirés par la bonne odeur de café. Alain, très à l'aise, s'assied à table et demande avec un grand sourire:

— Allons, allons, asseyez-vous. On a bien dormi? Les réponses sont vagues et identiques.

— Bof! Ehhhh? Humm... ouais...

— Mais où est Alex? demande Ségolène.

— Tiens, c'est vrai. Il explore sans doute, comme d'habitude! dit Jean-Mi en prenant deux croissants qu'il met sur une assiette et qu'il pose sur le comptoir pour Alex.

— Ces croissants sont super. Merci monsieur, dit Mehdi poliment.

— Non, non, appelle-moi Alain. Après tout, on va travailler ensemble cet été.

— Travailler? Mehdi et Kip, bouche ouverte, laissent tomber leur croissant dans leur bol de café en même temps.

— Ben oui! Vous allez nous aider avec les fouilles (digs). Max m'a dit que vous êtes tous archéologues amateurs. Kip et Mehdi se regardent et remarquent que Jean-Mi et Ségo se contrôlent pour ne pas rire. Finalement, Ségo explique:

— Chaque été que nous passons ici, Oncle Max a un petit projet pour nous – c'est souvent amusant, toujours pratique, utile, et éducatif, et même parfois fascinant. Une fois, on s'est occupé pendant tout l'été d'un vignoble (vineyard) complètement détruit par l'ancien propriétaire de la ferme d'Alain. Et miracle! En automne, nos parents ont reçu chacun cinq caisses d'excellent vin appelé "Domaine d'Aljeansémax". Formidable, non?

— Pourquoi Aljeansémax? demande Mehdi, c'est difficile à prononcer!

— Pour célébrer le travail d'Alain, Jean-Mi, Ségo et Max, répond Alain.

— C'est sympa, dit Mehdi, d'un air rêveur.

— Quel est le petit projet du jour, Alain? demande Ségolène.

— C'est un grand projet cet été: on va faire des fouilles archéologiques dans mon champ gaulois. Max sait qu'il est plein de vestiges gallo-romains car, il y a un mois, il a trouvé le torse d'une statue antique. Elle est au musée de Vaison-la Romaine. On croit que c'est Belisama, la déesse des feux domestiques et des armes. On va faire des recherches à la bibliothèque.

— Et sur Internet, ajoute Mehdi.

— Bien sûr, répond Alain, Max m'a dit que Mehdi est notre expert en informatique! A l'aide des plans de Max, on va détecter les bons endroits, creuser (to dig), déterrer les trésors, les nettoyer, les identifier, les classer, et les ranger dans le studio, en sécurité dans des tiroirs.

— On va nommer les statues qu'on va découvrir Alkipmédalséjean alors? demande Mehdi.

— Les dieux ont déja tous leur nom. Pas de chance!

— Mon préféré s'appelle Toutatis: il est dans toutes les histoires d'Astérix le Gaulois[9], annonce Jean-Michel.

— Formidable! dit Kip en mordant dans son croissant d'un air rêveur. Mais je ne me vois pas en train de creuser la terre avec une pelle (shovel) et des bottes!

— Ne t'inquiète pas. Voyons… Moi, je te vois bien avec un pinceau (paint brush) en train de nettoyer délicatement les objets précieux au rythme de ton iPod! dit Jean-Mi. Alain continue:

— Max indique l'endroit, Jean-Mi et moi creusons, Alex déterre prudemment les objets, tu les brosses et les places dans des tiroirs. Max et Mehdi les identifient et les classent. Alors, Ségo les étiquette, les dessine, et les range dans un tiroir. Voilà!

Tous les jours, on déjeune chez moi, car ma femme est excellente cuisinière et, bien entendu, tous les après-midi sont libres. Il y a la rivière pour nager, des vélos et un cheval pour se promener, la vieille ville à visiter, des concerts classiques ou rock au théâtre romain, et le marché le mardi et le samedi. Questions? C'est vivable?

---

9. ASTÉRIX : Héros de bande dessinée / BD (= comics). Ses aventures se passent dans la Gaule dominée par les Romains, soldats de Jules César (-52). Rebelles, inventifs et combatifs, Astérix et son copain Obélix sont aimés de tous en France.

— Vivable? Bien sûr! Cool! On commence quand?

— Allons chercher les plans de Max tout de suite. Venez avec moi au studio, je sais où ils sont.

Tout à coup on entend la porte claquer et Alex entre dans la cuisine, couvert de boue (mud).

— Tu as fait une petite promenade romantique ce matin, je vois. dit Jean-Mi en lui montrant du doigt les traces de boue sur le sol, et en plaçant sur la table l'assiette de croissants.

— Oh! Pardon! dit Alex. Il enlève ses chaussures pendant que Ségolène lui verse du café. Il s'assied à table et raconte en mangeant.

— Ma petite promenade romantique, comme vous l'appelez, est plutôt un sérieux travail de détective. En marchant dans le petit bois près du champ d'Alain, j'ai vu et appris beaucoup de choses. Une fois le feu de forêt bien contrôlé, les pompiers et la police sont rentrés chez eux vers 6 heures ce matin. Quelques instants plus tard, je vois arriver une camionnette noire. Je me cache derrière un arbre et sors mon appareil-photo. Deux types sortent de la camionnette et vont chercher dans le champ quelques grosses pierres et deux bustes qu'ils transportent dans la camionnette. Je prends des tas de photos: leurs têtes, le numéro de la plaque d'immatriculation (licence plate) de la camionnette et je "zoome" sur les pierres et les objets volés. On entend le bruit d'un hélicoptère. La camionnette part à toute vitesse. Ils ne me voient pas... Mission accomplie. Regardez ces photos!

Tout fier, Alex pose son appareil numérique (digital camera) sur la table. Alain le prend et examine les photos et passe en silence l'appareil à Jean-Mi qui s'écrie:

— Non mais, regardez! C'est pas possible! Ce sont les deux types (guys) de l'autobus, je les reconnais.

A ce moment, Alain explose:

— Mais c'est une catastrophe! Max va être furieux. Il faut arrêter ces voleurs. On doit appeler la police. Qui a un portable?

Mehdi met son portable sur la table. Alain le prend, mais Jean-Mi l'arrête de la main et dit:

— Et Oncle Max? Il faut l'appeler d'abord. Je crois qu'il sait quelque chose que nous ne savons pas.

Alain regarde Jean-Mi, réfléchit, repose le portable sur la table et décide:

— OK. Allons chercher les plans des fouilles au studio, et après, on appelle Max.

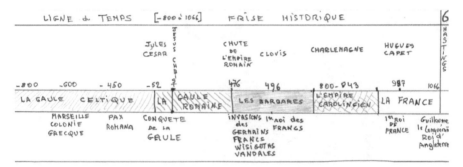

L'Histoire de France vue et dessinée par Ségolène dans son journal.

Le champ des fouilles de Max. Le panneau de Ségolène

CHAPITRE SIX

LES VISITEURS

Il faut cultiver son jardin.
— Voltaire

Dans le jardin, la terre est humide et les amis marchent sur le chemin boueux (muddy) qui mène au studio, un petit pavillon couvert de plantes vertes. Alain pousse la porte qui s'ouvre sans résistance.

— Qu'est-ce qui se passe? La porte est toujours fermée à clé ! Quel fouillis !(What a mess) Quelqu'un a fouillé le studio pendant qu'on dormait cette nuit. Le sol est couvert de boue, de papiers, de tiroirs cassés et la lampe est tombée. Alain ouvre l'armoire. Les plans ne sont plus là et l'ordinateur a disparu. Il s'écrie (to exclaim).

— Ces hommes ont volé les plans et des objets trouvés dans mon champ. Il faut les arrêter et appeler Max et la police avant le retour des voleurs.

— Ces objets ont-ils beaucoup de valeur? demande Mehdi. Jean-Mi répond:

— Absolument. D'abord une valeur culturelle, mais aussi ils se vendent à des prix astronomiques à Paris, à Londres et à New York. Ségolène se tourne vers Alain et Jean-Mi et demande:

— OK. Qu'est-ce qu'on fait? Alain lui répond presque calmement.

— Soyons prudents. Ces gens nous observent et nous écoutent. Tu envoies les photos à Oncle Max, et puis un texto qui résume la situation sur ton portable, c'est plus prudent, et tu lui demandes aussi s'il a les plans dans son autre ordinateur. Rendez-vous ici à 4 heures. On va examiner le champ tous ensemble. En attendant, je vais faire un tour en ville. Alain part, visiblement inquiet.

A la demande de Ségo, Mehdi sort son ordinateur et y installe les photos d'Alex pendant que Ségo compose un texto sur son portable pour accompagner les photos. Un petit clic et c'est parti! Medhi pianote furieusement sur le clavier (keyboard) de son ordi pendant que Jean-Mi et Alex discutent la situation. Kip fait la vaisselle au rythme de son iPod.

— Entre tout ce que je viens d'apprendre sur les Gallo-Romains et les longues heures passées à lire les aventures d'Astérix, s'exclame Mehdi tout fier, je sais tout sur les dieux gallo-romains, par Toutatis! Personne ne rit.

Les cigales de Jean-Mi interrompent Mehdi qui continue à cliquer sur son ordinateur.

— Ah! C'est la réponse d'Oncle Max.

> ASTERIX EST AU CIMETIÈRE DES JOUETS CASSÉS.
> PRUDENCE ET DISCRÉTION
> O.M.

Mehdi lève la tête et demande à Ségo:

— Astérix? C'est un code?

— Oui et non. C'est le nom qu'Oncle Max a donné à son ordinateur qui est caché dans un vieux congélateur (freezer) où on mettait tous nos jouets cassés pendant les vacances pour les réparer… éventuellement. Je vais le chercher. Un moment.

Ségolène descend à la cave. On entend des portes qui s'ouvrent et se referment, et Ségo revient avec Astérix sous le bras. Jean-Mi s'assied à table et dit:

— Je vais voir si je peux trouver les plans dans cet ordinateur. On se retrouve ici, à 15 h 45. Souhaitez-moi bonne chance.

A 15 h 46, on entend claquer la porte de la camionnette verte d'Alain.

— En route pour le champ du Fou, annonce-t-il, il y a du travail à faire. Tu as trouvé les plans sur Astérix, Jean-Mi?

— Oui, mon commandant, j'ai tout copié! dit Jean-Mi en agitant une grande feuille quadrillée.

— Bon! En avant, conclut Alain.

Dans la camionnette, assis à côté d'Alain, Mehdi demande:

— Pourquoi l'appelle-t-on le champ du Fou?

— Quelques personnes dans le village pensent que je suis fou, parce que, pour préserver l'environnement, je cultive strictement des produits biologiques (organic produce). Depuis que j'ai acheté cette ferme, il y a cinq ans, j'enrichis ma terre avec des engrais (fertilizers) naturels, je récolte moins, mais les produits sont plus sains et meilleurs. Ces gens pensent que c'est une perte de temps et d'argent. Or, mes produits sont très appréciés par les bons restaurants et par les amateurs de produits "bio" locaux. Comme ils sont cultivés sans produits chimiques, c'est meilleur pour la santé, le goût, la terre… et notre planète.

Je crois qu'ils sont jaloux car mon vin est le meilleur de la région et je le vends plus cher qu'eux, ce qui met en question la qualité de leurs produits. C'est une petite guerre entre la quantité et la qualité. Alain ajoute avec fierté, de plus, je suis Président du Parti Écologique du Vaucluse: *les Verts*, aussi appelés *les Écolos*.

— C'est pour ça que votre camionnette est verte?

— Bien sûr! C'est la couleur de la nature et de l'espoir aussi.

— On va vous faire des posters, Alain. Comme par exemple: PLUS C'EST MOINS.

— Non.   MOINS C'EST PLUS .

— Et   MOINS C'EST MIEUX

— Ou   LE BIO C'EST MERVEILLEUX?

— Excellente idée, s'écrie Alain dont le visage s'assombrit soudain à la vue de son champ. Quel désastre. Toute la partie du champ proche (close to) de la forêt est dévastée, pleine de boue, de trous (holes) et de pierres. Alain soupire, se calme, se reprend, et commence à diriger les opérations:

Les beaux raisins Bio d'Alain

— On va égaliser la surface, remplir tous les trous où ils ont fouillé, sauf un. Au travail! Kip et Jean-Mi, vous avez des bottes, allez à l'entrée de ce qui reste de la forêt qui a brûlé pour voir s'il y a des traces suspectes comme des allumettes, ou une odeur d'essence. Cherchez bien! La police est certaine que les voleurs ont causé ce feu pour détourner leur attention.

Avec des pelles, Alex et Mehdi retravaillent la surface du champ, pendant qu'Alain creuse un grand trou qu'il couvre d'une toile de camouflage militaire. Ensuite il arrange des branches d'arbre pour tout cacher. C'est une trappe pour décourager les visiteurs. Ségo prend une planche en bois sur laquelle elle écrit en lettres rouges

PROPRIÉTÉ PRIVÉE

ACCÈS INTERDIT

et la plante à l'entrée du champ. Tout à coup on entend Kip et Jean-Mi crier:

— Mission accomplie! On a trouvé des preuves!

Ils présentent à Alain un bidon (container) d'essence, quelques papiers à moitié brûlés et un petit objet doré.

— Ils ne sont vraiment pas très professionnels, ces voleurs! Ils ont laissé plein d'indices (clues). Regardez! Un briquet (lighter), un bidon d'essence, et des feuilles de papier à moitié brûlées, les restes du plan des fouilles! dit Alain en les mettant dans un grand sac. Je vais tout de suite apporter ça à la police. Ça va leur faire plaisir. Allons, chargeons la voiture. En route!

Après avoir discuté les événements du jour, et après quelques sandwichs et une bonne douche, ils vont au lit, très fatigués. Tous, sauf Ségolène qui observe que la serviette d'Oncle Max n'est plus à droite de la cheminée. Elle conclut que les voleurs étaient venus chercher les documents qui étaient dans la serviette, heureusement bien cachés!

Elle s'assied à la table, ouvre son journal et écrit.

Qu'est-ce que ces voleurs cherchent encore? Il nous manque (we're missing) quelques pièces du puzzle. Récapitulons!

1/ Les voleurs veulent des trésors gallo-romains et savent où ils sont, grâce aux plans d'Oncle Max qu'ils ont volés dans l'armoire du studio.

2/ Ils créent un feu de forêt l'après-midi pour détourner l'attention. Mais le mistral rend le feu incontrôlable.

3/ Les pompiers arrivent. Les voleurs s'échappent et négligent de couvrir leurs traces. Ils laissent donc des preuves et des papiers envolés dans les arbres.

4/ Ils reviennent tôt le matin pour charger les pierres et disparaissent à toute vitesse.

5/ Ils passent par la maison quand nous sommes au champ du Fou, et fouillent la serviette.

5/ Où sont-ils, et que veulent-ils de plus? Et où donc est Oncle Max?

Ségolène soupire en fermant son journal.

Le yacht CCC au port de Toulon

CHAPITRE SEPT

INCIDENT AU PORT DE TOULON

Un malheur ne vient jamais seul.
— François Rabelais

Pour ne pas s'endormir, Max Dompierre écoute la radio dans sa petite Renault garée au bord (at the edge of) du quai devant l'entrée du parking municipal de Toulon. Calme, il semble hypnotisé par la camionnette noire garée dans le parking depuis hier soir. Elle est vide (empty). Personne au volant (wheel). Un yacht au drapeau canadien est ancré au quai et quelques bateaux vont et viennent dans l'eau. Tout est calme. Il est midi. Max a faim et regarde quelques touristes qui déjeûnent à la terrasse du Café du Port.

D'où il est, Max peut voir la voiture de police postée devant le café, et une autre, non marquée près de la sortie du parking. Tous observent la camionnette qui semble abandonnée. Tout le monde est prêt depuis hier après-midi. Mais où donc sont les voleurs?

Max décide tout à-coup de prendre quelques photos du port. Il fouille sur le siège arrière et sort son appareil-photo. Il entend un drôle de bruit, vérifie les boutons de l'appareil. Rien, sauf un bip-bip-bip continu. Il ouvre la portière, sort de la voiture et, en un instant, se trouve projeté sur le quai par une énorme explosion, couché dans une mare de sang (puddle of blood). Tout est chaos — les sirènes hurlent, tout le monde court dans toutes les directions. Des policiers l'examinent, des touristes lui parlent. Du coin (corner) de l'œil, il voit disparaître la camionnette noire dans un nuage de fumée. Il lève la main, ouvre la bouche… et perd conscience. Tout est silence. Le yacht canadien disparaît à l'horizon.

La lumière du jour réveille Max, brutalement. Il est dans un lit d'hôpital, sa jambe ressemble à un énorme cocon blanc élevé et tenu par une poulie. Il est midi. Une infirmière entrouvre la porte.

— J'ai faim, dit-il, je meurs de faim. Qu'est-ce qu'il y a au menu?

— Vous allez beaucoup mieux, il me semble, Monsieur Dompierre. Caviar ou saumon fumé?

— N'importe quoi, mais vite. Sinon, je reperds conscience.

— OK! A tout de suite, répond l'infirmière en riant.

Elle revient sept minutes plus tard portant un plateau avec un grand bol de soupe fumante qui sent bon, accompagné d'une omelette aux champignons et d'une belle pomme rouge.

— Voilà monsieur. Bon appétit.

— Vous me sauvez la vie, mademoiselle.

— Non, monsieur, les médecins vous ont sauvé la vie, pas moi. Vous avez eu de la chance – seulement une jambe fêlée (cracked) et pleine d'éclats de verre. Si vous êtes bien sage, dans une petite semaine vous pourrez marcher et, dans deux ou trois, vous pourrez même danser. A tout à l'heure! Elle pirouette hors de la chambre.

Six heures plus tard, Max ouvre les yeux. Il voit un énorme bouquet de fleurs au bord de la fenêtre.

— Bizarre, se dit-il, personne ne sait que je suis à l'hôpital! Il sonne. Une autre infirmière se penche sur lui.

— Oui? dit-elle.

— D'où viennent ces fleurs, madame?

— Deux jeunes gens très bien habillés vous ont apporté un bouquet cet après-midi. Ils n'ont pas voulu vous réveiller...

— Y a-t-il une carte? Elle va à la fenêtre et revient avec une petite enveloppe qu'elle lui donne.

— C'est tout, Monsieur Dompierre? Tout va bien?

— Tout va bien. Merci, madame. Elle sort. Max ouvre l'enveloppe et lit:

TU NOUS DONNES LA FORMULE
SINON T'ES MORT
ET LES CINQ AUSSI
ON T'APPELLERA

— Ça se complique, soupire Max. Où est mon portable? Je dois appeler Alain.

Juste à ce moment un policier entre dans sa chambre. Son képi (police hat) à la main, il salue Max et lui offre un petit sac en plastique.

—Voici tes affaires, Max! Ça va?

Max sort du sac son portable – il marche (it works), son appareil-photo – rien d'anormal, et les clés de sa Renault.

— Très drôle, dit-il, ironiquement, et très utile maintenant...

— Attention, dit le policier, regarde au fond (at the bottom of) du sac, il y a un briquet doré.

— Tiens, tiens, dit Max, qu'est-ce que c'est ça ? Ce n'est pas à moi.

Il tourne le briquet entre ses doigts d'un air pensif et ajoute.

— Il y a un petit drapeau canadien et les mêmes trois lettres que sur le yacht ancré au port près du parking. Ce briquet est identique au briquet trouvé par Jean-Michel dans la forêt à Vaison-la-Romaine. Vous avez la photo au poste de police. Ces voleurs sont vraiment des amateurs. Ils laissent des traces partout, les imbéciles, et même leur signature: CCC!

— Donne-moi ce briquet, délicatement, s'il te plait. On va essayer de prendre les empreintes (finger prints). Le policier met prudemment l'objet dans le sac en plastique.

— C'est bien clair qu'ils veulent me tuer. C'est fou! Pendant tout le temps passé dans ma voiture à regarder la camionnette, ils attendaient le bon moment pour orchestrer l'explosion.

— Ce sont peut-être des amateurs, mais des amateurs doués (gifted)— le yacht et la camionnette ont disparu! Mais ne t'inquiète pas. Tout est sur pied pour les retrouver. Les Canadiens les attendent de l'autre côté de l'Atlantique, et la camionnette et ses occupants sont recherchés dans toute la France.

— Je m'inquiète pour les Cinq. On doit avertir la police de Vaison-la-Romaine. Ils sont en danger.

— C'est déjà fait. De plus, demain à 10 heures du matin, nous aurons une réunion dans ta chambre pour faire le point (évaluer la situation). Repose-toi bien, on a besoin de toi pour mettre notre stratégie sur pied (to set up), dit-il en regardant la jambe de Max.

— Ah! Ah! dit Max, très drôle!

Le policier sort en souriant, après avoir salué Max de son képi.

CHAPITRE SEPT — INCIDENT AU PORT DE TOULON

Avis de recherche de la Police Nationale

CRADOS, Athos
Président de la
Société CCC
domicile: Ottawa
Canada
1,62m, yeux noirs
cheveux gris

PADUGATO, Carlo
marin
domicile: inconnu
1,75m, yeux verts
cheveux noirs

DANIEL, Eric
étudiant
résidence: Ottawa
1,80m, yeux bleus
cheveux blonds

PADUGATO, Marc
étudiant
résidence: Université
de Montreal, Canada
1,85, yeux bruns
cheveux noirs

Avis de recherche pour les quatre voleurs

CHAPITRE HUIT

LES PIÈCES DU PUZZLE

Qui cherche trouve.
— *Ancien proverbe*

A dix heures, le jour suivant, la chambre d'hôpital est transformée en salle de conférence. Le commissaire Barda, chef de la police de Toulon, son assistant et meilleur détective Tonelli, et Paule Lagarde, chef de la police de Vaison-la Romaine, amie d'enfance de Max et soeur d'Alain Lagarde sont assis sur les trois chaises qui entourent le lit de Max. Un stylo à la main, leur carnet de notes ouvert sur les genoux, ils regardent Violette, l'infirmière favorite de Max qui dépose une petite table à côté du commissaire, lui indiquant du doigt d'y poser son dossier.

— Merci Violette. Il ne manque que des petits cafés et des croissants, dit Max en souriant.

— Et une secrétaire peut-être, répond-elle en sortant et fermant la porte.

— Bon, dit Max, au travail! Entre nous quatre, nous avons accumulé une pile d'informations. Nous allons reconstituer les événements par ordre chronologique et les mettre en commun. Tout le monde va y voir plus clair. Commençons avec toi, Jean, dit Max en se tournant vers le commissaire, depuis quand le yacht canadien est-il à Toulon?

— Depuis deux semaines exactement. Ils ont d'abord ancré dans la rade, ensuite au port. Leurs papiers sont en ordre. Le yacht est enregistré au Canada sous le nom de CCC. Son propriétaire est le richissime homme d'affaires Athos Crados, un Canadien d'origine grecque[10].

— Il s'intéresse aux arts et vient d'ouvrir un musée gallo-romain à Ottawa pour sa femme… ce qui explique sa connexion avec Vaison-la-Romaine aux sites gallo-romains si accessibles, interrompt Paule qui est appréciée dans le service pour ses recherches pointues (sharp) sur Internet.

— Eric, le beau-fils de Crados est à bord, il étudie l'architecture et l'archéologie, ajoute le commissaire. Il est accompagné de son copain Marc, étudiant en informatique et fils du capitaine du yacht.

— Le capitaine est aussi canadien? demande Paule qui notait tout.

— Non, Padugato est français, dit Tonelli, d'origine italienne comme moi. C'est un excellent marin (sailor), mais avec une longue histoire de petits délits (misdemeanors). Il a toujours évité la prison grâce à son riche patron: Crados. Il a beaucoup d'ambition et est très fier de son fils Marc qui est un crack (a wiz) en informatique.

— Une gentille petite famille toute simple! ironise Max, on commence à comprendre.

— Pas tout à fait, interrompt Tonelli, car deux jours après leur arrivée, les journaux parlent d'un vol de fragments de statues gallo-

---

10. Les noms "jeux de mots" = puns
Athos = nom d'origine grecque/ montagne de Grèce.
Crados = Crado signifie "sale" en argot
Padugato = "pas du gateau" littéralement "not like cake" signifie en argot "difficile / dur"

romaines à Glarus — le musée à ciel ouvert de St Rémy de Provence[11], et d'autres vols sur le site du musée gallo-romain de Périgueux, le jour suivant...

Paule, qui prenait des notes furieusement dans son petit carnet noir interrompt:

— ... et une semaine plus tard il y a un incendie près de ton champ de fouilles à Vaison-la-Romaine pendant ton séjour à Toulon. Là, tu cherchais des informations sur la Compagnie Chimique Canadienne qui t'avait contacté et dont tu avais appris les activités suspectes.

Trésors gallo-romains au Musée Vesunna à Périgueux.

— C'est alors que nous avons compris le lien entre le yacht CCC, la Compagnie Chimique Canadienne, et les vols de vestiges gallo-romains, ajoute le commissaire Barda. Nous avons donc mis le yacht et ses occupants en observation 24 heures sur 24.

— Après quoi, je reçois un texto de Jean-Michel avec les photos des deux étudiants qui chargeaient dans leur camionnette noire deux bustes romains et des pierres extraits de mon champ, dit Max.

— Cette nuit même, nous avons filmé le chargement des bustes et des pierres dans le CCC au port de Toulon. Nous avons alors immédiatement donné l'ordre aux policiers de suivre les quatre suspects, ajoute le commissaire.

— Malheureusement, les jeunes voyous (hoodlums) ont créé une diversion. Je me suis retrouvé dans un lit d'hôpital...la camionnette a disparu et le yacht est parti avec le butin sans laisser d'adresse, seulement quelques fleurs et une petite note pour moi, ajoute Max qui conclut, de plus je sais que ma maison a été "visitée" par des inconnus. Je suspecte qu'ils écoutent mes conversations téléphoniques depuis

---

11. Périgueux et St Rémy de Provence sont d'anciennes villes romaines riches en musées et ruines gallo-romaines.

quelques temps. J'ai détecté des microphones sur la lampe de ma table de nuit et sous le bureau. Ils m'espionnent. C'est pour ça que je communique surtout par texto. C'est plus difficile à décoder pour les non- professionnels.

— Il y a une chose qui est bizarre, dit Paule en se croisant les jambes, ils ont volés plusieurs objets gallo-romains: des outils et des statuettes. OK. Mais aussi des morceaux de colonnes et des parties de statues. Pourquoi s'intéresser à des fragments plutôt qu'à des objets entiers qui sont plus représentatifs et plus intéressants à vendre?

— En effet, dit le commissaire, c'est étrange, mais les photos montrent bien qu'en plus des bustes, ils ont déchargé des pierres, des fragments de statue et même des sacs de terre dans le yacht.

— Les photos sont claires. Toutes les pièces du puzzle sont devant nous... et rien n'est clair. dit Paule, irritée.

— Pourtant, leur message dans la petite note est simple, dit Max. Sans la formule, les Cinq et moi sommes morts!

— Mais quelle formule? demande le commissaire avec impatience.

— Je crois avoir la réponse à cette question, mes amis. Je vais vous apprendre un secret bien gardé jusqu'à maintenant. J'ai une autre vie que personne ne connaît.

Les photos d'Alex

1. Un agent de la police nationale et municipale porte une casquette qui représente l'ordre et la police.

2. Un gendarme porte un képi. Il a une image militaire et fonctionne surtout en zone rurale.

Une jolie route de campagne.

CHAPITRE NEUF

L'AUTRE VIE DE MAX DOMPIERRE

De la discussion jaillit la lumière.
— Ancien proverbe

Max s'installe alors confortablement sur les coussins de son lit et regarde calmement chaque personne, l'une après l'autre. Puis, d'une voix forte et sérieuse, il annonce:

— L'archéologie n'est pas ma seule passion, mes amis. Depuis mon adolescence, j'ai été fasciné par les mines que les Romains ont exploitées en Gaule. Ils ont extrait de notre sol du fer, du bronze, et même de l'or. Ils ont fait des amphores avec notre argile (clay), les ont colorées et décorées avec notre ocre. De nos pierres calcaires (limestone), ils ont fait de la chaux (whitewash) pour blanchir les murs de leurs maisons, et aussi, avec de la calcite, ils ont inventé une sorte de maquillage pour blanchir les visages des belles Romaines de leur époque.

Il y a dix ans, je donnais des cours à l'Université de Grenoble. Mon ami et collègue Colas Pernic et moi avons découvert un certain minerai (ore) contenant des substances chimiques que nous avons pu isoler. En combinant une de ces substances à d'autres substances bien connues, on obtient un produit aux propriétés très prometteuses qui vont révolutionner nos sources d'énergie, particulièrement grâce à la nanotechnologie.

Apparemment Crados est au courant de nos recherches et en comprend le potentiel. Il veut donc les exploiter lui-même pour se construire un nouvel empire dans l'industrie de l'énergie. Visiblement, il est prêt à voler et à tuer pour la formule dont Coco et moi avons le secret.

— Son musée gallo-romain n'est donc qu'une couverture pour lui permettre de s'approcher de vos sources et de vos recherches, avance Tonelli, et aussi une façon de motiver la coopération de leurs fils.

— En effet, ils ne sont pas doués pour une carrière criminelle, dit Paule, ils laissent des indices partout. Nous avons trouvé deux briquets en or décorés avec les lettres CCC et un drapeau canadien. L'un à Vaison-la-Romaine, l'autre à côté de Max dans le parking de Toulon. De plus, ces deux garçons sont très faciles à reconnaître: l'un est tout blond, l'autre tout brun: on dirait Ric et Rac, ces deux petits chiens, un noir et un blanc, qu'on vend dans les magasins pour touristes.

— Bon! dit le commissaire, nous allons les empêcher de vous faire du mal, Max. Le yacht est observé et escorté de loin par la marine française de Toulon, en route pour le Canada. Crados et Padugato seront arrêtés dès qu'ils seront dans les eaux canadiennes par la police du pays et ce qu'ils transportent sera confisqué.

— Quant aux jeunes, il faut les suivre de près et de loin. Je m'en occupe personnellement, s'écrie Paule. En attendant, je vais garder les Cinq en sécurité chez Max avec l'aide d'Alain et de Madeleine.

— Excellent, dit Max, je commence à respirer. Le docteur m'a dit que je pouvais sortir de l'hôpital vendredi prochain et conduire une voiture automatique. Je vais aller directement chez Coco dans le Périgord. Il vit et fait ses recherches dans une habitation troglodyte

Une habitation troglodyte.

(creusée dans la roche) près de la grotte de Lascaux[12]. Personne ne nous trouvera là-bas. Ce sera idéal pour me cacher et pour compléter notre travail sur la formule en toute sécurité. Mais, silence! Personne ne peut savoir où je suis, naturellement.

— Parfait, Max, tu t'occupes de ta jambe, Paule va s'occuper des Cinq. Je fais suivre les deux étudiants, et on se tient tous au courant (let's all keep in touch). Je crois que nous avons fait du bon travail. Bonne chance à tous.

Le commissaire se lève, donne une tape sur l'épaule de Max et disparaît avec Tonelli. Paule les regarde partir et se tourne vers Max.

— Je peux faire quelque chose pour toi, Max? Si tu as un message pour Ségo, Jean-Mi, ou Alain, je serai à Vaison en fin d'après-midi.

— Dis-leur simplement d'aller tous les cinq à Lascaux la semaine prochaine. Ils doivent voyager dans le 4x4 sur des routes départementales[13] sans se dépêcher ni se faire repérer. Dis-leur aussi qu'ils doivent apporter au Professeur Pernic mon ordinateur qui est à la cave, mais aussi ma serviette, l'enveloppe jaune et les deux statuettes qui sont cachées ensemble au grenier.

— Bon! C'est tout?

---

12. Lascaux: La grotte préhistorique de Lascaux est célèbre dans le monde pour ses peintures datant de 13.000 ans avant Jésus Christ. Elle se trouve dans le village de Montignac. Découverte en 1940, elle est ouverte au public en 1948. En 1963, on a dû fermer l'accès à la grotte de Lascaux originale qui commençait à se désintégrer à cause du dioxide de carbone venant des nombreux visiteurs. On a construit un facsimile, Lascaux II, qui est ouvert au public depuis 1983 et qui commence à être affecté par des moisissures (fungus). Il est question de construire un Lascaux III.

13. Les routes de France : Le réseau routier de France comprend

1/ les autoroutes (à péage = toll roads) comme la A10 qui, appelée L'Aquitaine, fait Paris-Bordeaux

2/ les routes nationales, comme la Nationale 7(N7) qui va de Paris en Italie, et aussi

3/ les routes départementales, petites routes locales, régionales et plus scéniques. Toutes les distances des routes de France sont comptées à partir du «kilomètre zéro», marqué par une étoile sur un pavé en face de la cathédrale Notre Dame de Paris. C'est une rose des vents (compass rose/ windrose) à 8 directions placée sur le point zéro des routes de France.

— Attends une minute! Je vais te donner des instructions pour Alain. Tu me passes une feuille de papier et un stylo, s'il te plait?

Max dessine un plan sur le papier, ajoute quelques phrases d'instructions pour Alain, et tend la feuille bien pliée à son amie en disant:

— Merci Paule, dis-leur bonjour de ma part et assure-les que je vais bien. Ajoute que ce n'est pas tout à fait les vacances que je voulais leur offrir, mais qu'ils vont adorer le Périgord. C'est le paradis sur terre!

— T'inquiète! Ils sont en bonnes mains entre Alain, Madeleine et moi. Quant à Ric et Rac, tous les postes de police de France ont leur signalement et les coordonnées de la fameuse camionnette noire.

— A mon avis, ils l'ont probablement abandonnée ou bien peinte en blanc, à moins d'être complètement idiots! ironise Max.

— C'est un fait certain qu'ils ne sont pas très futés, mais n'oublie pas qu'ils sont aussi dangereux!

— Merci encore pour les Cinq. Bonne route… et pas d'excès de vitesse, n'est-ce pas?

— Compte sur moi et occupe-toi bien de ta jambe. Adios.

Une fois seul, Max sort son téléphone portable et presse un bouton:

— Allô Coco, c'est Max. Il y a du nouveau!

La rose des vents (compass rose) d'où partent toutes les routes de France.

La France et les villes visitées par les personnages de La Maison d'Oncle Max

CHAPITRE DIX

L'ATTENTE

L'habit ne fait pas le moine.
— Ancien proverbe

A 16 heures 30 une voiture s'arrête dans la cour de la ferme d'Alain. Paule en sort, claque sa portière et sonne quatre fois. Alain ouvre la porte en riant et dit:

— Ah! Te voilà déjà! Tu n'as pas honte de faire Toulon-Vaison en moins de quatre heures! Un flic qui se permet de faire de la vitesse! Entre, on a besoin de parler. Mais d'abord un petit verre à la santé de Max. Alain sort deux verres, une baguette, du fromage, un saucisson et une bouteille de jus de cerise, la spécialité de Madeleine. Ils se mettent à table et attaquent le saucisson.

— Alors, dit Paule, qui commence? Toi ou moi? J'ai beaucoup de choses à te dire, mais le principal est que Max est OK.

— Bonne nouvelle! Je commence, dit Alain. Ric et Rac sont revenus. Ils ont rendu la camionnette noire louée au garage du village voisin, pris un autobus hier soir et sont à l'Auberge de Jeunesse d'Orange. Ils n'iront pas bien loin car leur signalement est dans tous les postes de police de France. De plus, je vais les garder à l'oeil personnellement.

— Excellent! Comment vont les Cinq? Et la maison de Max? demande Paule.

— C'est calme. On travaille aux fouilles car Max avait laissé des instructions. Ce sont des jeunes gens bien sympa. Ils travaillent en s'amusant et profitent de leur temps libre pour visiter les environs et aider Madeleine avec son jardin. On est copain-copain et Madeleine leur prépare des petits plats du terroir (locally grown) qu'ils dévorent et adorent.

— Ils ont de la chance! soupire Paule qui déteste cuisiner. Elle sort de sa poche le message écrit par Max et le donne à Alain.

— Tiens! Voilà un message de Max pour toi. Il y a du nouveau pour les Cinq et pour toi. Quelques petites fouilles à faire et un voyage au Périgord dans le 4x4. Ils doivent y apporter certaines choses pour Max. Toi, tu resteras ici pour garder la maison de Max et coordonner les opérations. OK?

— Comme d'habitude! Je bosse (travaille) et les autres voyagent.

— Allons, allons, je reste ici pour te tenir compagnie jusqu'à leur départ. T'es content? dit Paule en se coupant une énorme tranche de saucisson.

Pendant ce temps à Orange, Eric et Marc (autrement dit: Ric et Rac) habillés de sweat-shirts à capuche (hoodies) gris visitent le théâtre romain d'Orange. Assis sur les marches antiques, ils font le point. Marc résume:

— On nous cherche partout. Sans le savoir, on a aidé mon père et ton beau-père à tuer un homme, peut-être. Ensuite ils sont partis sans nous prévenir, sans nous attendre, et surtout, sans nous laisser la possibilité de les contacter. Qu'est-ce qu'on va faire? Ils nous avaient promis de belles vacances en France en échange de quelques trucs piqués dans des musées gallo-romains: deux bustes et aussi quelques pierres trouvées dans un champ perdu … et nous voici recherchés par la police. Qu'est-ce qu'on fait?

— T'inquiète, annonce Eric, on va se débrouiller. Pour commencer, on doit changer de look. Demain on se rase la tête. J'ai deux cartes de crédit, avec ça, on achète deux casques (helmets), deux paires de bottes et deux motos. Comme ça on va pouvoir voyager incognito. Qu'en penses-tu?

— Impeccable! Mais…les parents? questionne Marc.

— On leur dit que tout va bien. Je ne veux pas causer de soucis à ma mère. Je ne sais vraiment pas ce que mon beau-père lui dit. C'est pour elle qu'il a construit le musée, en mémoire de mon père. Elle ne sait absolument pas comment il collectionne ses trésors gallo-romains!

— Je ne comprends rien aux adultes. C'est sympa d'être ensemble, ici, loin de toutes leurs salades (troubles/complications)!

— Ma mère aimerait tant voir ce théâtre romain. Il est splendide. Je vais prendre quelques photos et les lui envoyer ce soir… J'ai vu qu'il y a un cybercafé à côté de l'Auberge de Jeunesse, dit Eric.

— D'accord! Ce soir on vérifie les mails et demain on achète deux Harley-Davidson, s'écrie Marc.

— Rêve toujours, Marc, on n'est pas riche comme Crésus[14].

— Non, seulement riche comme Crados!

— Ah! Ah! Ah!

L'horloge vient de sonner 21 heures. Les Cinq sont en grande conversation avec Paule autour de la table dans la maison d'Oncle Max.

— Donc, pas de jambe cassée, rien de grave, alors?

— Non, juste une fêlure, quelques coupures, un peu de sang perdu, le système légèrement traumatisé… et son sens de l'humour intact. Il sort de l'hôpital la semaine prochaine. Il a eu de la chance!

— Il revient ici? On va le chercher? demande Ségolène, soucieuse.

---

14. Crésus (Croesus) ancien roi de Lydie (560-545 av.J.- C.) connu pour ses richesses.

CHAPITRE DIX — L'ATTENTE

— Non, je ne crois pas. Alain va vous parler de tous ces détails demain. Je vais habiter dans le studio de Max au cas où nos amis Ric et Rac viennent nous rendre visite. En attendant, achève Paule, je vais dormir quelques heures, je suis fatiguée après toutes ces émotions et tous ces kilomètres en voiture. Mon frère est de garde ce soir. A demain.

Il est minuit à Toulon. De son lit d'hôpital, Max parle au téléphone:

— ... mais Coco, je ne peux absolument pas venir avant vendredi. Ma jambe gauche ressemble à un énorme cocon blanc. Impossible de conduire pour l'instant. Mais les Cinq vont tout t'apporter jeudi. Il y a les formules chimiques dans la serviette et des spécimens de poudre de juanite dans l'enveloppe jaune. Ils vont aussi t'apporter trois statuettes, les outils, les fragments et les pierres que tu as demandés. Tout ça dans des boîtes clairement détaillées. OK?

A l'autre bout du fil, Coco écoute attentivement

— [.....]

— Tu les rencontres jeudi à l'entrée de la grotte de Lascaux II. D'accord? N'oublie pas.

— [.........]

— Lascaux II, deux, la copie, pas la vraie. OK?

— [.........]

— J'arrive donc au labo vendredi soir. Prépare-moi ton bon cassoulet[15] habituel. Bonne chance, Coco. A vendredi.

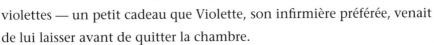

Tout est organisé. Il peut dormir en paix. Max dépose le téléphone sur la table de nuit à côté d'un petit bouquet de violettes — un petit cadeau que Violette, son infirmière préférée, venait de lui laisser avant de quitter la chambre.

---

15. Le cassoulet (toulousain): Plat régional (stew) composé de haricots secs, saucisses et viande de canard (duck), d'oie (goose) ou de porc.

Une tartine de bonheur. Pain de tradition française façonné à la main. (Une tartine est une tranche (slice) de pain beurré ou couvert de confiture). Au marché local, on peut tout goûter. Les Cinq ont mangé tous les abricots.

CHAPITRE DIX — L'ATTENTE

Le Pont romain de Vaison-la-Romaine. À gauche, la ville romaine et la ville moderne. À droite, la ville médiévale.

CHAPITRE ONZE

LES PRÉPARATIFS DE VOYAGE

Le travail c'est la santé.
— *Ancien proverbe*

À Vaison-la Romaine, les journées passent vite entre les fouilles, les balades en forêt, les expéditions à vélo guidées par Alex, et les achats au marché de Vaison. Le tout ponctué par les bons dîners et casse-croûtes bio de Madeleine. Bien entendu les Cinq ont visité la ville romaine, ses thermes, son théâtre, et aussi le village et le château médiéval près de la rivière Ouvèse (d'où vient le nom de la ville: Vaison.) Ils savent tout sur Vaison maintenant.

Ce matin-là Alain et son équipe d'archéologues amateurs s'organisent au champ du Fou. Alain sort le plan des fouilles que Max avait dessiné pour eux et leur explique:

— Max a besoin de nous. Nous avons trois jours pour déterrer certains éléments très spécifiques, les marquer et les classer dans des boîtes que vous allez lui apporter à Lascaux. Paule m'a apporté le plan de Max où il indique précisément où il faut fouiller.

— Jean-Mi, Mehdi et moi allons creuser. Ségo, tu classes les objets, comme d'habitude. Kip, aujourd'hui tu brosses et tu nettoies, d'accord?

Alain sort de la camionnette trois boîtes marquées A3, C2, et F5 et les passe à Jean-Mi.

— Tu veux bien poser ces trois boîtes près de Kip, s'il te plait?

— Ça me rappelle les chasses au trésor de notre Club des Cinq! dit Kip en ajustant son iPod. OK! Je suis prête. Alors, on y va? Elle aligne quelques petites brosses et pinceaux et donne une tape amicale sur le dos de Jean-Mi qui a l'air soucieux.

— Je me demande ce qui se passe avec Oncle Max, dit-il, je sens le danger.

— Tiens, Jean-Mi, voici ta pelle, dit Alain qui commence à creuser, ne t'inquiète pas, Max sait ce qu'il fait! Allez! Au travail!

Deux heures plus tard, le soleil tape dur. Tout le monde a chaud et soif. Mehdi passe les bouteilles d'eau. Tout à coup Jean-Mi s'écrie:

— Regardez, j'ai trouvé quelque chose!

Alain s'approche en essuyant son visage avec un mouchoir.

— C'est une jolie statuette, dit-il, mais elle est cassée en plusieurs morceaux. Il faut un petit sac.

Ségo sort de sa poche un sac en plastique et le donne à Alain qui arrange délicatement les morceaux et de la terre pleine de débris. Pendant ce temps, Ségo prépare l'étiquette pour la statuette et la place dans la plus grande boîte marquée C2. Quelques minutes plus tard, Mehdi découvre deux outils gallo-romains qu'il agite en criant:

— Victoire! Une scie (a saw) et un couteau: ils sont en fer, couverts de terre, mais en parfait état. Il les donne à Kip, fier comme un roi. Elle les brosse délicatement et les passe à Ségo qui les met dans la boîte marquée A3.

— Bravo, les amis. C'est fini pour aujourd'hui, annonce Alain, Alex a organisé une excursion au Mont Ventoux[16]. On ira dans le 4x4 de Max. Vous monterez la route en voiture, ou à vélo si vous voulez vous préparer pour le Tour de France. Du sommet, à 1.912 mètres (6.272 pieds = 6,272 feet), il y a une vue extraordinaire. On peut même y voir les Alpes au loin. En avant! Tous dans la camionnette. En route pour la ferme où Madeleine nous attend avec un pique-nique surprise composé spécialement pour résister au vent du Mont Ventoux qui souffle parfois à 200km/h (124mph).

Le lendemain matin, arrivé au champ des fouilles, Alain annonce:

— Encore quelques pierres venant du secteur F5, près de la forêt, et nous avons tout ce que Max veut pour Coco.

— Qui est ce Coco ? demande Mehdi.

— C'est un vieil ami et collègue de Max. Cherche Professeur Colas Pernic sur Internet et tu vas tout apprendre sur les mines que les Romains ont exploitées en Gaule et tout savoir sur ses recherches sur les moisissures (moulds) et la nanotechnologie. C'est un homme de génie, brillant et un peu fou. Max et lui sont parmi les chercheurs qui vont révolutionner la planète, crois-moi!

— J'ai quatre pierres avec des morceaux de silex (flint) dedans, dit Alex en les lui montrant. C'est bon? C'est ça qu'on cherche?

— Absolument! Nous avons finalement tout ce que Max nous a demandé.

— Mission accomplie ! s'écrient les Cinq en riant.

— Parfait, dit Alain, on va mettre les boîtes en sécurité et puis on va célébrer ça avec une bonne bouteille de cidre.

Une fois la camionnette chargée, Alain reconduit les Cinq dans la maison d'Oncle Max et dit en partant:

---

16. Le Mont Ventoux (= venteux= windy) est situé à l'est de Vaison-la-Romaine. Ce massif montagneux des préalpes est surnommé le Géant de Provence. Du sommet (1912 mètres d'altitude) on peut voir, par temps clair, les Alpes et la Méditerranée. Les cyclistes s'y entraînent et on y skie en hiver.

— Rendez-vous à 7 heures à la ferme. On garde le cidre au frais pour vous.

Dans sa chambre, Mehdi allume son ordinateur et attaque son clavier avec son énergie habituelle. On entend Kip chanter pendant qu'elle recharge son iPod, Alex saute sur son vélo et disparaît. Ségo et Jean-Michel descendent les boîtes à la cave. Ils ouvrent le vieux congélateur et posent les 3 boîtes à côté d'Astérix, l'ordinateur d'Oncle Max. Ils referment le couvercle et le couvrent d'une pile de vieilles couvertures.

— J'espère que les voleurs ne sont pas revenus. Je vais vérifier s'il n'y a pas de nouveaux microphones dans la maison, dit Jean-Michel.

— D'accord! Ensuite on doit s'organiser pour le voyage. Nous serons sur les routes pendant deux jours et n'avons pas beaucoup de temps pour nous préparer.

En passant devant sa chambre, ils observent Mehdi qui cliquait à toute vitesse sur son ordinateur en prenant des notes avec férocité.

Mardi soir, à l'hôpital de Toulon, Max écoute Alain qui lui parle au téléphone. Violette, son infirmière favorite est en train de lui préparer son lit pour la nuit.

— Ils sont prêts?

— Tout est prêt, Max. On a trouvé tout ce que tu nous as demandé et les boîtes sont en sécurité. Tu as un message pour les Cinq?

— Dis-leur que tout va très bien et que je pars vendredi. Le 4x4 est prêt?

— Bien sûr! J'ai vérifié les pneus, les freins, l'huile, les liquides, et les cinq ceintures de sécurité. Alex m'a aidé. Les papiers et les cartes sont dans la boîte à gants. Tout est en ordre. Ils partent demain matin et passeront la nuit de mercredi chez ma sœur près de Toulouse. Son numéro de téléphone est 05 54 55 78 88. Ça va?

— Oui, oui. N'oublie pas de vérifier la valise noire avant le départ: les boîtes, la serviette, l'enveloppe jaune, les statuettes, et Astérix, bien sûr.

— Ne t'inquiète pas. Ils sont vraiment super, ces petits. On peut compter sur eux. Néanmoins, j'aimerais bien savoir où sont Ric et Rac… et s'ils vont revenir nous voir… Alain se tait pendant un moment puis annonce:

— Bon! Je récapitule: Les Cinq doivent partir d'ici très tôt mardi matin pour Orange et Nîmes. Puis prendre un maximum de routes départementales pour traverser la Vallée du Tarn où ils passeront une nuit dans un petit village de leur choix. Mercredi, arrivés à Toulouse, ils restent bien tranquilles chez ma sœur. Jeudi donc, ce sera l'autoroute le matin et les petites routes jusqu'à Lascaux, pour arriver à 18 heures pile à l'entrée de Lascaux II où Coco les attendra. Je te rappelle demain. Bonne nuit, Max.

— Bonne nuit, Alain.

Violette lui fait un signe de la main avant de sortir et lui souhaite une bonne nuit avec un gentil sourire.

— Bonne nuit à vous, Violette, dit Max en posant le téléphone sur la table de nuit, faites de beaux rêves. A demain ajoute-t-il avec un sourire.

Une photo d'Alex — La ville romaine et Vaison-la-Romaine, sa voisine. 2000 ans d'histoire en une photo.

Marc et la moto

CHAPITRE DOUZE

RIC ET RAC S'ORGANISENT

Le mal porte le repentir en queue.
— Ancien proverbe

Ric et Rac sont à la terrasse d'un café du centre de Montpellier. Ils ont placé à côté d'eux leurs casques de moto, et discutent avec animation devant une carte dépliée sur la table.

— Pas question de voyager sur ces petites routes de campagne, décide Marc, il faut prendre l'autoroute pour pouvoir rouler plus librement.

— D'accord! Si on achète une moto, c'est pour en profiter. Mais il ne faut pas oublier qu'on doit être discrets parce que la police nous recherche.

— On n'est plus les mêmes. Regarde-nous!

En effet, dans la vitrine du café, on voit deux jeunes gens chauves assis à côté de deux casques de moto, un noir et un blanc. Eric porte un blouson en cuir noir, un pantalon noir et des bottes noires. Marc un blouson et un pantalon gris clairs, et des bottes grises. Derrière eux, garée sur le trottoir, on voit une magnifique Harley-Davidson, brillante comme une perle noire qui les attend. Marc admire:

— Cool!

— C'est certain, personne ne peut nous reconnaître, dit Eric en prenant la pose d'un dur.

— Je suis un autre, dit Marc en parodiant un accent de cow-boy genre western classique.

— De toute façon, on a bien fait d'acheter la moto à Montpellier – les grandes villes, c'est plus anonyme! Et puis, j'en ai assez de voyager en bus. Maintenant on peut aller où on veut et quand on veut. La France est à nous.

— Vive la liberté!

Ils se calment à la vue d'un vieux couple assis à la table voisine qui les regarde d'un air fatigué. Eric se tourne vers Marc et lui dit à voix basse.

— Avant de partir, j'aimerais savoir si Max est en vie ou s'il est mort. Pas toi?

— Si, moi aussi. On pourrait appeler l'hôpital d'une cabine téléphonique. Comme ça on ne pourra pas localiser notre appel.

— Bonne idée! On peut trouver le numéro de l'hôpital dans le cybercafé à côté de l'agence où on a acheté la moto. Et alors, appeler de la cabine en face de l'Auberge de Jeunesse.

— OK, dit Marc, on y va à pied ou à moto?

— Reste ici avec la Harley. Je reviens tout de suite, dit Eric.

— D'accord! Je paie et je t'attends…

— A tout!

L'hôpital est calme ce soir. Violette est à son bureau, elle écrit dans le dossier de Max avant de rentrer chez elle. Quand le téléphone sonne, elle sursaute et répond vite pour ne pas réveiller les patients:

— Allô! Hôpital de Toulon. Violette Libert à l'appareil.

— Excusez-moi de vous déranger si tard, madame. Mais je viens d'apprendre que mon beau-frère, Max Dompierre, a eu un accident et se trouve dans votre hôpital. Pourrais-je lui parler, s'il vous plait.

— Il dort maintenant, monsieur. Je suis son infirmière et viens de le quitter. Mais ne vous inquiétez pas, il se remet bien de ses blessures. Votre beau-frère est un patient modèle. Il va nous manquer.

Eric, surpris et perplexe (puzzled), reste muet à l'autre bout du fil.

— Ehhhhhh?

— Appelez-le donc demain. Ou préférez-vous me donner votre numéro, pour qu'il vous appelle avant de partir?

— Non, je préfère lui faire la surprise…

— Une surprise ? Bon ! Je ne dirai rien.

— Alors, il rentre chez lui? hésite Eric.

— Non, il part pour le Périgord, je crois. Je ne suis pas certaine. Il a parlé de Lascaux un soir…

— Bon! Merci, madame…. et bonne nuit!

— Bonne nuit à vous.

Violette raccroche le récepteur et quitte l'hôpital en souriant à l'idée de la bonne surprise que Max aura quand son beau-frère l'appellera demain. Eric raccroche le téléphone et retourne au café.

— Max va bien , mais il part pour le Périgord demain. A Lascaux, peut-être?

— Lascaux ? Pourquoi Lascaux?

— Je ne sais pas, mais s'il y va, on y va. J'ai toujours voulu voir cette grotte préhistorique, dit Eric d'un ton rêveur.

— Tu te sens de la sympathie pour les hommes de Cro-Magnon?

— Pas spécialement, mais certaines grottes dans la région ont plus ou moins 30.000 ans. Ma mère m'a raconté des tas d'histoires sur Lascaux quand j'étais petit. Ça m'a impressionné. Je vais lui envoyer un mail pour lui dire qu'on y va: ça lui fera plaisir. Elle est historienne. En fait, j'ai parfois l'impression qu'elle vit sur une autre planète et dans un autre siècle. Marc, pensif, demande:

— Tu crois que ta mère sait ce qu'Athos et mon père font pendant ce voyage? En réalité, nous ne savons même pas ce qu'ils cherchent, à part quelques vestiges de l'époque romaine pour ce fameux musée. Moi, je crois qu'ils nous ont beaucoup menti... par exemple leur pétard (firecracker) qui devait faire peur à Max mais qui explose en le blessant...

— ...et cette formule dont ils ont parlé le soir où nous leur avons apporté le contenu de la camionnette... Qu'est-ce que c'est? Qu'est-ce que tout ça veut dire? dit Eric.

— J'ai une idée! Ce soir on va au cybercafé. Tu envoies un mail à ta mère et, pendant ce temps-là, je fais quelques recherches sur Max, s'écrie Marc.

— D'accord! Après ça, on prépare notre voyage. On va traverser la France en Harley-Davidson. On aura finalement de vraies vacances! annonce Eric avec enthousiasme.

Les deux amis, casqués de noir et de blanc, mettent la moto en marche et partent avec un crissement de pneus devant les yeux étonnés et un peu envieux des piétons (pedestrians) et des clients du café.

1/ La vie sur l'autoroute: panneaux de directions, limites de vitesse, restauration rapide, stations service et pauses aux cybercafés.

2/ Les autoroutes est/ouest.

3/ La Harley Davidson: une perle noire.

Carcassonne: Ville fortifiée qui résume l'histoire de France.
Visitez son site: www.carcassonne.culture.fr/

CHAPITRE TREIZE

À TRAVERS LA FRANCE ET SON HISTOIRE

Les voyages forment la jeunesse.
— *Montaigne*

Cette semaine-là, fait curieux et surprenant, on constate une montée radicale du nombre de visites sur le site de Max Dompierre, venant de France, du Canada, d'Allemagne, des Etats-Unis, du Kuwait, d'Australie, d'Arabie Saoudite, d'Afrique, d'Asie, de partout dans le monde, et même du Kurdistan. Pourquoi tout le monde s'intéresse-t-il donc à Oncle Max?

Crados, de son yacht, cherche des nouvelles, en navigant vers Terre Neuve, si joliment nommée 'Newfoundland' en anglais. Rien de neuf (rien de nouveau) sur Max. Furieux, Crados tape sur le clavier de son ordinateur en qualifiant Max de toutes les pires insultes de son vocabulaire. Il se demande aussi dans quel port il pourrait se glisser, car il se sent observé.

Marc et Éric, de leur côté, sont impressionnés par les recherches de Max et le trouvent plutôt sympathique. Ils comprennent avec dégoût pourquoi Crados veut s'approprier la formule — pour s'enrichir encore plus, et cela par tous les moyens…

Paule et Alain y cherchent un message codé — rien.

La mère d'Éric se demande à Ottawa si ce Max Dompierre dont son fils lui a parlé est l'archéologue qu'elle avait rencontré à l'Université de Grenoble quand elle avait 20 ans…

Pour le Kuwait, l'Arabie Saoudite, ainsi que l'Australie, rien de spécial — les compagnies pétrolières et les chercheurs se demandent simplement si cet homme est un génie ou un charlatan.

Mais, plus persistants, un étudiant du Kurdistan, un professeur de l'Université de Brazzaville, et Mehdi découvrent dans leurs recherches que Max, ingénieur des Mines de l'Université de Grenoble, y avait enseigné un cours sur les exploitations minières des Romains en Gaule. Ils apprennent aussi qu'il a écrit avec son collègue Colas Pernic, éminent spécialiste en moisissures, un mémoire (research paper) qui ouvre la porte sur certaines découvertes et combinaisons d'éléments qui transformeraient l'industrie du pétrole. Ils rêvent d'avoir accès à un monde meilleur et espèrent…

Mehdi comprend mieux maintenant pourquoi Oncle Max doit être prudent: son invention vaut (is worth) une fortune!

Finalement, mardi matin, le 4x4 est finalement chargé. Alain a tout vérifié. Un panier plein de baguettes, fromages, saucissons, fruits et bouteilles d'eau offert par Madeleine est ajouté à l'arrière entre la valise noire et les sacs des Cinq. On est prêt. Tout le monde parle en même temps et s'embrasse. Madeleine s'écrie:

— Bonnes vacances à tous. Vous les avez bien méritées!

— Le compte y est, 14 bisous en tout, dit Kip en sautant derrière le volant.

Elle annonce avec autorité:

— En voiture, tout le monde, et en route pour Lascaux. Aujourd'hui, l'équipe numéro un, Jean-Mi et moi, alternons la conduite et la navigation toutes les deux heures. D'accord?

— Parfait! Allons-y. Au revoir, Alain et Madeleine, et merci pour tout, dit Ségo, on vous tiendra au courant. Alex prend une photo d'Alain et Madeleine devant la maison d'Oncle Max et la voiture disparaît entre les arbres du jardin.

L'équipe numéro deux s'organise à l'arrière du 4x4. Mehdi, l'expert en informatique, ses notes en main, se prépare à communiquer toutes les informations sur Oncle Max qu'il a apprises sur Internet hier soir. Ségo, la journaliste chargée d'écrire le reportage pour gagner le super VTT offert par le Lycée Charlemagne, serre contre elle son petit carnet noir et son stylo préféré. Elle va y noter les étapes (stopovers) du voyage, tous les coups de cœur (comme le Mont Ventoux), et bien sûr, *les aventures du jour*. Alex, le guide–explorateur et reporter-photographe, doit choisir les visites et excursions qu'il ne faut pas manquer, et les documenter avec l'appareil-photo qu'il a pendu autour de son cou.

— Alors, Alex, qu'est-ce qu'on va voir aujourd'hui? demande Jean-Mi.

Alex, levant un microphone imaginaire, annonce d'une voix un peu forcée sur un ton extrêmement prétentieux:

— Nous passerons cette journée en compagnie des Romains. Pour commencer, nous visiterons Orange et son Théâtre Antique. Ensuite le Pont du Gard. C'est un aqueduc colossal de 250 m de long et de 49 m de large. Les Romains l'ont construit il y a 2000 ans, pour véhiculer l'eau d'un canal jusqu'à Nîmes, une importante ville romaine qui est sur notre route. Nous y visiterons les Arènes: un amphithéâtre qui pouvait contenir une foule de 24.000 spectateurs amateurs de combats de gladiateurs et de courses de taureaux.

— Arrête Alex, tu nous ennuies, on veut un guide cool, plutôt copain, s'il te plait, dit Kip.

— OK. J'oubliais de vous dire que Nîmes est la ville de naissance des blue jeans.

— Quoi? interrompent Ségo et Kip, ensemble.

— Sans blague! Nîmes était connue pour son industrie textile, dont une toile (linen) très solide appelée toile bleue de Nîmes. Vous la connaissez bien, elle s'appelle maintenant denim en anglais. Regardez-vous. Sur cinq personnes, trois d'entre nous portent des blue jeans! Et bien le mot jean vient de Gênes, le port italien par où transitait la toile de Nîmes en route pour les Etats-Unis. Cool, non?

— Génial! dit Kip.

— Et après? On va où? demande Ségo.

— On quitte la Provence, ses plaines et sa douceur de vivre pour entrer dans deux régions très différentes: l'Aquitaine[17] et les Cévennes. *(voir carte page 78)* L'Aquitaine a une histoire très agitée, cette ancienne province romaine, au cours des temps, a été disputée pendant plus de 200 ans entre les Français et les Anglais. Par contre, dans les Cévennes et dans son Parc national, c'est la nature qui règne en liberté, sauvage, tourmentée et spectaculaire. Aux Gorges du Tarn vous allez flipper. On pourrait faire la descente du Tarn en kayak: la rivière serpente au fond de gorges et de canyons profonds entourés de forêts montagneuses et de rochers. C'est peu peuplé et parfait pour tous les sports. C'est là que j'ai passé des vacances magiques chez ma grand-mère. En fait, si vous voulez, nous pouvons passer une nuit dans sa maison à St Enimie au bord du Tarn puisqu'elle est à Paris chez mon père. Je l'appellerai.

— Excellent programme, dit Jean-Michel, tout le monde est d'accord?

— Bien sûr! Génial!

— Bon. Ça vous dit (ça vous intéresse) de faire du kayak mercredi matin? On pourrait descendre le Tarn de St Enimie jusqu'au Rozier.

---

17. L'Aquitaine: Disputée par les Anglais et les Français entre 1154 et 1431. (voir la Guerre de Cent Ans, le commentaire dans le chapitre 14, et sur Internet.)

Mais, pour ça, on a besoin d'un ou d'une volontaire pour conduire le 4x4 au point d'arrivée. Y a-t-il un amateur?

— Moi, dit Kip, j'aime conduire dans la nature.

— … et moi, dit Mehdi. J'aurai le temps de faire quelques recherches sur mon ordi, et aussi une petite excursion en route dans un endroit de rêve.

— Parfait, dit Alex, comme d'habitude, les Cinq se complètent! Bon! Nous sommes arrivés à Orange. Voici le parking. Tout le monde descend. 10 minutes ou une heure pour visiter le théâtre romain?

— Une demi heure, autrement on n'arrivera jamais…, dit Ségo.

Les Cinq partent dans toutes les directions, heureux de pouvoir exercer leurs jambes.

Le reste de la journée, le 4x4 les mène fidèlement sur des routes étroites qui montent, descendent, zigzaguent et serpentent entre forêts et montagnes, et à travers de jolis petits villages.

Pendant ce temps, la Harley de Ric et Rac mange les kilomètres sur l'autoroute A 61, en route pour la Cité de Carcassonne[18], leur première étape. Ils ont décidé de passer la nuit dans un hôtel de la ville fortifiée pour y vivre comme au Moyen-Âge.

Ironiquement, les deux groupes de voyageurs se trouveront en même temps à Toulouse mercredi, et jeudi en Dordogne… sans jamais se rencontrer.

---

18. Carcassonne: Classée au patrimoine mondial de l'UNESCO, la Cité fortifiée de Carcassonne est un résumé de l'histoire de France. La plus ancienne partie du mur a été construite par les Romains au premier siècle. Ensuite, les Wisigoths ont continué les fortifications au cinquième siècle. Charlemagne l'a assiégée (to besiege) et l'a perdue. Une ville florissante au Moyen-Âge, les fortifications sont renforcées au treizième siècle et, depuis, la ville a repoussé tous les envahisseurs (invaders) pendant les guerres contre les hérétiques. Elle est maintenant "envahie" par les touristes du monde entier. Carcassonne, c'est l'histoire de France!

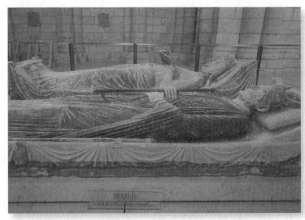

Henri II d'Angleterre, dit Plantagenêt et son épouse Aliénor d'Aquitaine, une bible dans les mains. Abbaye de Fontevraud. 12e siècle.

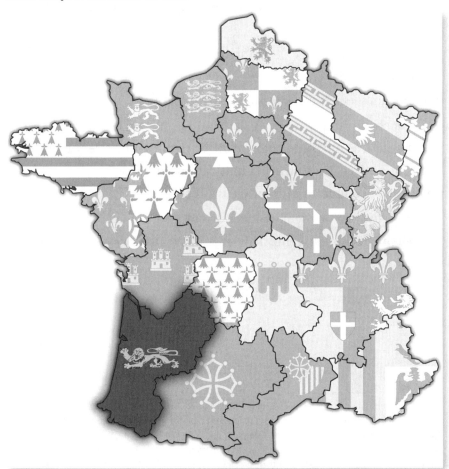

La France entre le 12e et le 15e sècle. Le lion britannique indique la présence des Anglais en Aquitaine.

CHAPITRE QUATORZE

RENDEZ-VOUS À LASCAUX

Tous les chemins mènent à Rome.
— Ancien proverbe

À quelques kilomètres de Toulouse, Ségo annonce, lisant la dernière phrase écrite dans son carnet de notes:

— En fait, traverser la France, c'est traverser les siècles de son histoire. Regardez, nous laissons derrière nous Toulouse et ses multiples visages. Elle est nommée *la Ville Rose* à cause de la couleur argile de ses maisons en briques et de ses toits en tuiles. C'est l'influence des Romains. Elle a été la capitale du royaume wisigoth au 4e siècle, puis la capitale de l'Aquitaine, et maintenant, celle de la région Midi-Pyrénées. On y admire la célèbre cathédrale Saint-Sernin construite au 11e siècle où, tout au long du Moyen-Âge, les Pélerins s'arrêtaient pour prier et se reposer en route pour Saint Jacques de Compostelle[19]. Mais aussi, il y a le site futuriste d'Airbus (rival de Boeing) avec sa chaîne d'assemblage

---

19. St Jacques de Compostelle est un lieu de pélerinage situé en Espagne. Les pélerins, au Moyen Age, partaient de Paris à pied, et s'arrêtaient en route dans les églises pour manger et dormir.

final du dernier modèle d'avion: le A350 XWB. Ce qui nous amène au 21e siècle.

— C'est phénoménal! dit Mehdi.

— Pour la France, c'est normal, ajoute Alex.

— Il faut dire aussi que les routes que nous suivons depuis Vaison ont toutes été tracées par les Romains, conclut Ségo, on sent encore leur influence partout en France.

— C'est pour ça que les Français disent *Tous les chemins mènent à Rome,* n'est-ce pas? demande Mehdi.

— Eh oui! assure Ségo.

— Tout ça va faire plaisir aux profs d'histoire quand ils liront ton reportage, ironise Kip.

C'est Jean-Michel qui conduit aujourd'hui. Il suit le flux des voitures, exactement à la vitesse suggérée par les panneaux routiers: 130km/h (= 80m/h). Montrant la chaîne de montagne qui sépare la France de l'Espagne, au loin à gauche de l'autoroute, il dit calmement:

— Vous pouvez dire au revoir aux Pyrénées, nous changeons de direction. En route vers le Nord, direction l'Aquitaine, terminus Lascaux. Là, si on a le temps, on pourra visiter les splendides châteaux forts de Beynac et de Castelnaud avant d'arriver à Lascaux, sinon on le fera au retour. Mais ce site est incontournable (is a must) n'est-ce pas, Alex?

— En effet, ces deux châteaux fortifiés ont une histoire intéressante: c'est comme dans un roman, ou un film. Ils sont rivaux depuis le Moyen-Âge, face à face, mais séparés par la Dordogne, la rivière qui a donné son nom à la région. Les Français et les Anglais se sont battus pour Castelnaud et Beynac pendant plus de 200 ans, jusqu'à ce que les Anglais rentrent finalement en Angleterre grâce à la victoire de Jeanne d'Arc à Orléans en 1427.

— Tout ça à cause du mariage d'Aliénor d'Aquitaine avec Henry Plantagenêt, le duc de Normandie qui devient Henry II, roi d'Angleterre!

— Pourquoi est-ce qu'elle n'a pas fait l'effort de choisir un prétendant bien français? coupe Ségo

— Dommage que tu n'étais pas là pour la conseiller, ironise Kip.

— Ha, ha! dit Ségo.

En fin d'après-midi, ayant remis la visite des châteaux à plus tard, et après un petit pique-nique au bord de la Dordogne, les Cinq se dirigent vers le 4x4 garé au bord de la route.

— Kip, c'est à toi de conduire, dit Jean-Mi. J'ai des crampes dans les jambes… il est presque 17 heures. Encore une petite heure et nous sommes à Lascaux.

— A votre service, monsieur, interrompt Kip en saluant Jean-Mi respectueusement.

— …et puis, continue Jean-Mi, j'ai envie de regarder le paysage. On commence à sentir la préhistoire autour de nous. À chaque croisement (crossroad), un panneau annonce des grottes à visiter, des musées ou des habitations troglodytes. Regardez sur ce mur, cet homme de Cro-Magnon nous invite chez lui ! Il a un certain charme…

— Pas mon style, dit Kip.

— Plus sympa qu'un Néandertal, quand même… dit Ségo.

Arrivés au parking de Lascaux II, un homme aux cheveux fous et ressemblant fort au professeur Tournesol (Professor Calculus), grand ami de Tintin[20] les observe. Les voyant sortir du 4x4, il s'approche d'eux, les mains tendues et leur dit, avec un grand sourire:

— Vous voilà donc arrivés, et juste à l'heure, exactement comme Max avait dit. Voyons… je reconnais Ségo et Jean-Mi… et je présume

---

20. Tintin: Héros de BD créé par l'auteur belge, Hergé. Les aventures de Tintin et de son chien Milou sont connues et aimées dans le monde entier. Elles ont été traduites en plus de 80 langues. Visitez son site: www.tintin.free.fr

que ce charmant chauffeur est Kip, et ces deux jeunes gens Alex et Mehdi. Bienvenue en Périgord, le paradis sur terre.

D'abord, nous allons transporter les bagages chez moi. Ensuite, nous dînerons ensemble. Je vous ai préparé le meilleur foie gras (goose liver) de la région et aussi ma spécialité: un cassoulet toulousain digne des rois de France et d'Angleterre! Et puis dodo (sleep) pour vous et boulot (work) pour moi. En avant! dit-il avec un grand rire. Il se dirige vers la voiture et s'installe à l'arrière avec les bagages.

— Ah voici la valise noire tant attendue! Il la prend et la serre contre lui comme un trésor.

Après un repas mémorable, les Cinq se dispersent dans tous les coins du labyrinthe troglodyte où habite leur hôte (host) qui insiste pour que ses nouveaux amis se sentent chez eux et l'appellent Coco. Creusées dans la roche, les pièces se suivent comme dans un train. Au bout du *corridor*, une grande porte semble mener à une grotte. Coco leur montre les pièces et leur dit:

— Vous pouvez dormir là où vous voulez. Il y a des sofas et des lits un peu partout. Mais ça, il explique en indiquant la porte, ça, c'est mon laboratoire, un endroit idéal pour étudier mes moisissures. Bonne nuit à tous. J'appelle Max et je vais travailler maintenant. Il disparaît dans sa grotte-laboratoire, la valise à la main.

Lascaux, la fierté du pays.

Les châteaux de Castelnaud (anglais) et de Beynac (français) se regardaient de loin... et la Dordogne coule calmement entre les deux châteaux forts.

On mange bien au Périgord. Le foie gras et le canard sont réputés.

LA DÉPÊCHE
DU MIDI
Le journal de la démocratie

0,95€ (Espagne : 1,40 €)   TOULOUSE

MERCREDI 7 MARS 2012 • Tel : 05 82 11 33 00 • contact@ladepeche.fr • www.ladepeche.fr

COUP DE FILET COLOSSAL AU QUÉBEC

Trésors gallo-romains rapatriés prochainement

Le 30 août, la Marine nationale française et la Garde Côtière du Canada ont arrêté et emprisonné le millionnaire Athos Crados et le capitaine de son yacht CCC au port de Petit Rocher au Nouveau Brunswick. Les bandits ont été suivis à partir de Toulon grâce à l'aide du Professeur Max Dompierre, expert en civilisation gallo-romaine, et d'un groupe de jeunes Parisiens en vacances en Provence. Nos trésors seront bientôt en bonnes mains... françaises.

CRADOS, Athos

PADUGATO, Carlo

RAMONVILLE
Privés d'eau depuis 5 semaines
• page 20

DÉLIVRANCE DES TITRES
Moins d'attente à la préfecture
• page 21

BELLEFONTAINE
Arrosée d'essence, elle ouvre le coffre
• page 22

Élysée 2012
Sarkozy-Fabius : duel sous tension

Nicolas Sarkozy, invité de «Paroles et des actes» • / AFP
L'ex-Premier ministre PS Laurent Fabius était invité hier soir à débattre avec le Président-candidat Nicolas Sarkozy sur France 2. Un face-à-face tendu. • page 4

Ouverture de la pêche à la truite : samedi, c'est le grand jour

Grand Sud. Ce sera l'événement de la fin de la semaine pour les pêcheurs de notre région, riche de ses torrents et de la qualité de ses eaux. • page 5

MARRAKECH
Procès de l'attentat : au nom des victimes

L'attentat du café Argana avait tué 17 personnes dont un couple de jeunes turbains. Le procès en appel s'est ouvert hier. Les familles demandent justice. • page 10

La Dépêche du MIDI est le journal local de la région. (Midi = South)

Coup de filet (major catch= expression imagée= on attrape Crados et Padugato comme des poissons dans un filet=net)

CHAPITRE QUINZE

COUP DE THÉÂTRE À LASCAUX

En France, on n'a pas de pétrole, mais on a des idées!
— *Slogan des années 70*

Vendredi, pendant que Coco travaillait, les Cinq ont visité la région, et en sont tombé follement amoureux. À midi, ils ont encore mangé du foie gras dans un petit restaurant au bord de la rivière Vézère. Ils ont aussi décidé de vivre ici le reste de leur vie, ensemble, dans une ferme bio où les oies et les canards sont nourris en liberté. Tout à coup, on entend le chant des cigales du portable de Jean-Michel.

—Tiens, dit-il, un texto de l'Oncle Max! Il nous remercie pour un travail bien fait et ajoute qu'on dînera ensemble ce soir chez Coco. Il suggère qu'on visite Lascaux II, le fac-similé, et qu'on achète un journal. Il nous annonce aussi une grande surprise pour samedi.

— J'espère qu'il sera au rendez-vous cette fois-ci, coupe Alex, j'ai vraiment envie de le revoir.

Pendant ce temps, Ric et Rac roulent à toute vitesse sur les petites routes menant à Lascaux où ils comptent parler aux Cinq quand ils les verront. En effet, ils ont décidé de leur expliquer leur situation et de leur proposer une alliance ainsi que leur aide bénévole pour la diffusion de la formule. Pour les retrouver, ils comptent s'asseoir à la terrasse d'un café près de l'entrée de Lascaux II et les y attendre.

Quelques heures plus tard, dans le village de Montignac-Lascaux, en passant avec ses copains devant un bureau de tabac–cybercafé, Alex s'arrête devant un journal, comme hypnotisé, et s'écrie:

— Regardez! On a arrêté Crados et Padugato dans un port de la Nouvelle Écosse. Le yacht et son contenu sont confisqués et les deux voleurs sont en prison. La police canadienne mène une enquête sur la Compagnie Chimique Canadienne.

— Hourrah! Justice est faite ! s'écrient en chœur Kip et Jean-Mi.

— Voilà pourquoi Oncle Max nous a parlé du journal! dit Ségo.

— Mais, il reste encore les deux jeunes voyous. Je me demande où ils sont? coupe Mehdi.

— Ils se cachent dans les grottes, sans doute, ironise Kip.

— Mais, non, ils seront ici demain à 10 heures pour la surprise, dit Mehdi en riant.

— Ha, ha! dit Alex, bien sûr!

Marc (Rac), assis à la terrasse du cyber-café, le nez plongé dans le journal qu'il vient d'acheter, écoute de toutes ses oreilles. Ne sachant plus trop où se cacher, il regarde les Cinq partir. Juste alors, Eric (Ric) sort en catastrophe du fond du café où se trouvaient les ordinateurs. Il annonce à Marc:

— Ils sont en prison. Ma mère est désespérée… je dois rentrer à Ottawa pour être avec elle… Il faut parler à Max aussitôt que possible… Alors, on s'organise?

— Heureusement que les Cinq viennent de passer devant le café. J'ai entendu qu'ils ont rendez-vous ici même demain à 10 heures.

— Ça facilite les choses! Bon. On les repère (to spot), on les suit à distance et on choisit le bon moment pour leur parler. D'accord?

— OK. C'est parti! conclut Marc.

Samedi à 9h40, le même cybercafé est plein de monde. Max, Ségo, Alex et Mehdi sont assis à la terrasse, chacun devant une petite tasse de café.

— Mais où sont Kip et Jean-Mi? dit Ségo avec impatience.

— Ils se perdent souvent ces derniers jours, ajoute Alex, ironique.

— …et se retrouvent régulièrement…, dit Mehdi en souriant.

— Vous avez remarqué qu'elle écoute son iPod de moins en moins, insinue Alex.

— Laissez-les tranquilles, dit Mehdi en se tournant vers Max. Y a-t-il d'autres nouvelles du Canada?

— Pas dans les journaux, répond Max, mais en ligne j'ai lu que Crados avait détourné des fonds (diverted funds) de la Compagnie Chimique Canadienne. On parle même d'une connexion avec la Mafia. Personne ne se doutait de rien, même pas la femme de Crados. Elle est complètement incrédule et effondrée (crushed). Les deux jeunes gens courent toujours (are still on the run) en France ou au Canada, peut-être aux États-Unis. On dit qu'ils sont inoffensifs et qu'ils ignoraient (to be unaware) les activités de Crados.

— En effet, ils n'étaient pas doués pour ce genre de vie, dit Alex, d'un air rêveur.

— Ça ne doit pas être drôle de découvrir qu'on les trompait (to deceive) et qu'on leur mentait, dit Mehdi.

— Oui, dit Max, j'ai presque pitié pour eux. Je me demande même si ce n'est pas Crados lui-même qui a fait sauter ma pauvre petite Renault. Ah! Voilà nos escargots! Où étiez-vous, Kip et Jean-Mi?

— On est allés à l'autre entrée de Lascaux, par erreur, dit Jean-Mi, à bout de souffle (out of breath).

— … et on a vu…, coupe Kip,

— … les deux types de Vaison… dit Jean-Mi,

— … avec une moto, ajoute Kip.

— Ils ne nous ont pas vus, ajoute Jean-Mi.

— Qu'est-ce qu'on fait ? demande Kip.

Max réfléchit pendant un moment et décide:

— Rien pour l'instant. Allons voir la grotte. Coco nous y attend pour la surprise. On verra plus tard.

En groupe, ils quittent le café et suivent Max le long d'un petit chemin sauvage qui disparaît entre les rochers. Deux ombres les suivent de loin.

Coco les attend à l'entrée d'une petite grotte où ils disparaissent un à un. Bientôt ils arrivent dans un corridor creusé dans la roche. Les Cinq tombent muets (speechless) d'admiration devant les murs qui sont couverts d'une série d'animaux peints en rouge, ocre et noir, qui semblent courir devant eux. Ils entrent dans une immense salle entourée de peintures.

Coco s'arrête et dit:

— Voilà, rien que pour vous — une expérience unique dans l'authentique grotte de Lascaux. Cet homme, ce taureau noir, cette vache, ces cerfs et ces chevaux ont été peints il y a quinze mille ans! Regardez, l'artiste a utilisé le relief des roches pour y mettre l'arrondi des hanches et des épaules des animaux...

— C'est absolument génial, murmure Alex.

— Il a fait tout... de rien, ajoute Ségo. L'artiste a reconstitué son monde pour nous!

— Nous ne saurons jamais si c'est lui, là sur le mur, ou un homme de son groupe, rêve Kip... Max tousse un peu et dit, d'une voix un peu tremblante:

— Voilà! Coco et moi voulions une petite cérémonie ici, ensemble, devant la preuve du génie humain pour vous remercier de tout ce que vous avez fait pour nous aider. Nous avons un rêve: aider notre planète à survivre à travers les civilisations futures, permettre aux humains de continuer à exercer leur génie partout dans le monde sans mettre leur planète en danger... Coco interrompt avec impatience:

— Vous serez donc les premiers à savoir que la formule est trouvée et prouvée. Bien sûr, notre contribution n'est qu'un tout petit progrès, mais elle réduira notre dépendance au pétrole. De plus, elle sera disponible (available) quasi gratuitement dans le monde entier. Cette poudre, appelée Maxco (Max + Colas), est formée d'éléments comme la calcite et certaines moisissures, tous facilement accessibles dans les champs, les savanes, les steppes, les grottes et les montagnes de partout. Elle permet de multiplier par trente la performance de l'essence, tout en réduisant ses émissions nocives. Une petite cuiller de poudre ou un comprimé de Maxco dans votre réservoir d'essence changera sa couleur en bleu, et vous conduira trente fois plus loin en créant moins de pollution.

— Et de plus, coupe Max avec enthousiasme, nous allons diffuser la formule sur Internet à 3 heures cet après-midi. Dans le monde entier, riches ou pauvres pourront apprendre à faire cette poudre. Ainsi, personne ne pourra s'en approprier les droits, ni le commercialiser à son profit. Toutes les universités du monde auront la formule pour l'ajuster à leurs régions, échanger les éléments, et en faire bénéficier la population gratis. Voilà! Un petit cadeau pour notre planète.

— Bravo! Génial! Félicitations! Les Cinq se jettent sur les héros et tout le monde s'embrasse.

Tout à coup, on entend un bruit venant du corridor. Ric et Rac, sautant de joie à la nouvelle, s'approchent de Max et de Coco. Eric, tout excité, annonce:

— On est si content que vous ayez réussi. On s'est fait du souci après l'explosion... on a lu les journaux... on a compris beaucoup de choses en voyageant, mais... on ne savait pas comment vous expliquer... On avait peur que vous ne compreniez pas... S'il vous plaît, laissez-nous vous aider!

Se rappelant ses bonnes manières, Eric ajoute:

— Je suis Eric Jaubert, Crados est mon beau-père. Laissez-moi réparer le mal qu'il a fait. Et voici Marc, le fils du capitaine Padugato. Marc le coupe:

— Monsieur Dompierre, j'ai tout lu sur vous sur Internet. Vous êtes un héros pour moi, un peu comme Robin des Bois (Robin Hood). On veut vous aider pour nous faire pardonner nos bêtises, et pour empêcher les gens comme Crados de commercialiser la formule et de se remplir les poches (profiter) au lieu d'aider ceux qui en ont besoin partout dans le monde.

— Oui, c'est très bien tout ça. Mais, dit Max d'un air pensif, pourquoi devrais-je vous faire confiance?

— C'est notre planète à tous, non? dit Eric.

— Il faut la protéger, non? dit Marc.

— On ne peut pas mentir devant ces chefs d'œuvre, dit Ségo en regardant Eric, ni dans cette grotte, qui est comme une cathédrale!

— Bon alors, faisons un pacte de solidarité, comme quand nous avions dix ans, suggère Jean-Mi.

— Venez! disent Alex et Mehdi en tirant Eric et Marc par la manche.

Tous les sept forment un cercle et lèvent leurs bras comme un bouquet devant les fresques préhistoriques.

— Allons, Coco et Oncle Max, venez, venez! dit Jean-Mi.

Le cercle s'aggrandit et tous ensemble font la célèbre promesse des trois mousquetaires:

UN POUR TOUS ET TOUS POUR UN.
VIVE LE CLUB DES NEUF.

FIN

15.000 ANS D'HISTOIRE EN 1 PAGE!

1. Le Pont du Gard, aqueduc construit pendant la domination romaine. La Gaule contre Rome. (-52 à 511)

2. Rivalité France/Angleterre. Jeanne d'Arc repousse les Anglais en 1427. France contre Angleterre. (1006 - 1431)

3. L'union Européenne est née en 1957 20e siècle

4. L'Airbus 380 est le fruit d'une coopération entre la France, l'Angleterre, l' Allemagne, l'Espagne et la Hollande. Les anciens ennemis travaillent ensemble dans une Europe unie.

15.000	La Préhistoire.
-52 à 511	Domination romaine. Image 1
11e au 15e siècle	Guerres entre la France et l'Angleterre. Image 2
e siècle	Les Guerres de Religion. France contre France.
e et 18e cles	Hégémonie de la France sur l'Europe. La France entre en guerre avec l'Espagne, la Hollande, l'Italie et l'Autriche. La France colonise de nombreux territoires en Afrique, en Amérique, en Asie, et en Polynésie.
39	La Révolution française. France contre France.
e siècle	Les deux guerres mondiales: 1914-18 et 1940-44. La France et ses alliés contre l'Allemagne.
e siècle	Union Européenne Image 3 et AIRBUS Image 4

CHAPITRE QUINZE — COUP DE THÉÂTRE À LASCAUX

POST SCRIPTUM

Tout est bien qui finit bien.
- Ancien proverbe

Cette année, Max Dompierre et Colas Pernic (Coco) ont été nommés pour le Prix Nobel.

Ils travaillent sur une source d'énergie économique et de développement durable.

Eric, Marc et Mehdi ont inventé et diffusé sur Internet un manuel:

Le Maxco pour les Nuls qui explique où trouver les éléments et comment fabriquer le Maxco. Tout profit sera pour les chercheurs de l'Université de Montréal.

Kip et Jean-Mi étudient respectivement la musique et la biologie. Ils se perdent souvent et se retrouvent toujours.

Ségo a gagné le premier prix "Journal de vacances" du Lycée Charlemagne et a donné le VTT à Alex. Elle étudie le journalisme à Paris, mais passe tous ses congés à Montréal où elle fera un stage (internship) d'un an et y retrouvera ses amis: Mehdi, Marc et Eric.

Alex s'entraîne pour le Tour de France.

Crados et Padugato sont incarcérés pour 8 ans. Ils écrivent leurs mémoires, ensemble.

Grands amis pendant leurs études à Grenoble, Max et France, la mère d'Eric, travaillent ensemble à un futur musée gallo-romain à Montréal. Là, il y aura les plus belles pièces que les Sept auront trouvées au champ du Fou. Ils discutent aussi l'idée de construire un diorama de la grotte de Lascaux.

IMPORTANT:

1. Toute ressemblance d'un personnage de cette histoire avec un être réel est purement accidentelle.

2. Les opinions exprimées dans cette histoire sont celles de l'auteur et ne représentent pas celles de l'éditeur.

VOCABULAIRE

Au cas où: in case
au fond de: deep into
auberge (f.): inn
bénévole: unpaid
bio/biologique: organic
boisé: wooded
boîte (f.): box or nightclub
bord (m.): edge
bosser / travailler: to work
boue (f.): mud
boueux: muddy
boulot (m.): work
brancher: to plug in
briquet (m.): lighter
bruyant: noisy
ça vous dit?: would you like?
calcaire (m.) : limestone
calcite (f.): calcium carbonate

capuche (f.): hood
carburant (m.): fuel
carte: map/ card
casque (m.): helmet
casse-cou (m.): daring
chargeur (m.): feeder
chauve: bold
chaux (f.): whitewash
chimie (f.) : chemistry
cigale (f.): cicada
clavier (m.): keyboard
coffre (m.): trunk
coin (m.): corner, spot
colline (f.): hill
concurrencer: to compete with
crack (m.): whiz
creuser: to dig
croisement (m.): crossroad

cruche (f.): pitcher/jug
crudités (f.): raw vegetables
dégât (m.): damage
démarrer: to drive off
déplier: to unfold
déterrer: unearth
détourner des fonds: to divert funds
disponible: available
doué: gifted
du terroir (m.): locally grown
durable: sustainable
éblouissant: blinding
écouteurs (m.): earphones
effondré: collapsed
égaliser: to level
empreinte (f.): fingerprint
engrais (m.): fertilizer
éolienne (f.): wind turbine
essence (f.): gasoline
étage (m.): floor
étape (f.): stage/stopover
être en ligne: to be online
faire la bise (f.): to kiss
faire le point : to sum up the situation
fêlé: cracked
fer (m.): iron
foie gras (m.): goose liver

fort: loud
fouille (f.): digs
fouillis (m.): mess
frigo (m.) : refrigerator
génial: super / great
gîte (m.): B&B
goûter (m.): snack
grenier (m.): attic
habitation troglodyte (f.): cave dwelling
hôte (m.): host
ignorer : to ignore, to be clueless
imprimante (f.): printer
incendie (m.) : fire
incontournable: a must
indice (m.): clue
informatique (f.): computer science
képi: police hat
la prise (f.): outlet
logiciel (m.): software
machine à composter: ticket machine
manquer : to lack, to miss
matériel (m.): hardware
mémoire (f.) : memory
mémoire (m.) : research paper
métro (m.): subway
mettre sur pied: to set up

mieux: better
minerai (m.): ore
mistral (m.): strong wind
moins: less
moisissure (f.): mould
navette (f.): shuttle
neuf / nouveau: new
n'importe qui/quoi: anyone/anything
numérique: digital
ombre: shade/shadow
ordi / ordinateur (m.): computer
ordinateur portable (m.): laptop
panneau routier (m.): road sign
paysage (m.): landscape
pelle (f.): shovel
permis de conduire (m.): driver's license
perplexe: puzzled
pétard (m.) : firecracker
pétrole (m.): oil
pinceau (m.): paintbrush
pire: worse
plaque d'immatriculation (f.): license plate
plomb (m.): led
plus: more
portable (m.): cell phone
proche: close
quant à moi: as for me
ramasser: to pick up
ranger: to tidy.organize
renouvelable: renewable / sustainable
repérer: to spot
rien: nothing
roman policier: detective story
sac à dos (m.): backpack
salade (f.): salad
salades (f.): troubles
scie (f.): saw
se régaler: to feast on food
se remplir les poches: to fill one's pockets
s'écrier: to exclaim
s'empiler: to pile up
serviette (f.): briefcase/napkin
siècle (m.): century
siffler: to whistle
silex (m.): flint
souris (f.): mouse
stage (m.): internship
télécharger: to down/up/load
t'inquiète!: don't worry!
toile (f.): linen
toile (f.): web

touche (f.): key
toujours : always/still
tout: all/ everything
trou (m.): hole
tuile (f.): tile
type (m.): guy
un coup de coeur (m.): instant attraction
vaut (valoir) : is / to be worth
VTT/vélo tout terrain: mountain bike

vide: empty
vigne (f.): vine
vignoble (m.): vinyard
virus informatique (m.): computer virus
vitesse (f.): speed
vol (m.): theft/flight
volant (m.): wheel
voyou (m.): hoodlum